Martha Grünewald

Unterwegs mit der Transsibirischen Eisenbahn

Unterwegs mit der Transsibirischen Eisenbahn

Ein Reiseerlebnisbericht
von Martha Grünewald

Novitäten & Raritäten
NoRA

Die Abbildung der Karte mit dem Streckenverlauf der »Zarengold-Reise« erfolgt mit freundlicher Genehmigung der »Lernidee Erlebnisreisen GmbH«. (www.lernidee.de)

ISBN 978-3-86557-178-6

1. Auflage

Torstr. 145, 10119 Berlin
Tel.: 030 20454990 Fax: 030 20454991
E-mail: kontakt@nora-verlag.de
Web: www.nora-verlag.de

Druck: GGP media on demand, Pößneck
Printed in Germany

Dieses Buch widme ich meiner Familie:

meinem Mann Rudi, mit dem ich diese erlebnisreiche Reise unternehmen konnte,

meinem Sohn Armin, der uns seine angesparten Flugmeilen schenkte und seiner Familie,

meinem Sohn Thomas und seiner Familie, die uns immer wieder zu solchen Reisen ermutigen,

meiner Tochter Simone, die mich bei der Entstehung dieses Buches unterstützt hat.

Bedanken möchte ich mich bei allen Teilnehmern der »Datong-Gruppe« für die angenehme Zeit, besonders bei Gerhard Dehn, der mir seine gesamten Fotos und Reisenotizen zur Verfügung gestellt hat.

Inhalt

Vorbereitung und Planung

Zwischen den Jahren 2001 und 2005 feierte die Transsibirische Eisenbahn bisher mindestens fünfmal ein hundertjähriges Jubiläum, ständig war die »Transsib«, wie sie liebevoll genannt wird, in den Medien zu hören und zu sehen. Mit Sicherheit werden noch weitere Jubiläen folgen.

Der Grund für die zahlreichen Jubiläen sind die unterschiedlichen Fertigstellungstermine der einzelnen Bauabschnitte. Die Baikalbahn zum Beispiel wurde im Oktober 1905 freigegeben, als letzter Bauabschnitt endlich im Jahre 1916 die Amurbahn fertig gestellt. Sicher war diese Medienpräsenz einer der Gründe, wieso wir uns besonders für diese Reise interessierten und uns näher darüber informierten. »Wir«, das sind ich, Martha und mein Mann Rudi, mit dem ich gerne kreuz und quer durch die Welt reise. Wir sind beide im Rentenalter und wollen nun die Zeit nutzen, um noch möglichst viele Reiseziele zu erkunden.

Je mehr ich über die Transsib las, umso stärker schlug mich diese legendäre Eisenbahn in ihren Bann und umso größer wurde mein Wunsch, diese Reise zu erleben. Eine Reise nach Russland war ein Traum, den wir uns bisher noch nie erfüllen konnten – oder wollten. Ganz besonders nahm mich der Gedanke an die Mongolei gefangen, die für mich immer ein fernes, geheimnisvolles Land war, das ich mit Sicherheit niemals kennen lernen würde. Doch langsam rückte sie gedanklich immer näher und schien allmählich doch nicht mehr so unerreichbar. China war uns nicht mehr ganz so fremd, denn bereits vor acht Jahren haben wir die Städte Peking und Schanghai besucht, sie faszinierten uns damals schon gewaltig. Sibirien – da stellte ich mir ein riesiges Land vor, das ich mit Weite, Kälte und Schnee verband – und mit Erinnerungen: Mein Schwiegervater war nach dem Zweiten Weltkrieg in Sibirien in Gefangenschaft. Als Kriegsgefangener wurde er in den eisigen Wintern auch zum Freihalten der Eisenbahnstrecke eingesetzt, das wussten wir von seinen spärlichen Erzählungen. Über seine Gefangenschaft hat er nie gerne gesprochen, wir kannten leider auch nicht den Ort, wo er diese schreckliche Zeit verbringen musste. Niemand in der Familie ist mehr am Leben, der über diese Zeit etwas zu erzählen weiß. Aber irgendwie musste man doch in Erfahrung bringen können, wohin er nach dem Krieg gebracht wurde? Und wenn wir schon in diese Gegend der Welt fahren sollten, dann wollten wir natürlich nicht ahnungslos daran vorbei fahren, wo damals Rudis Vater die Gefangenschaftszeit verbrachte. Bei Nachforschungen im Internet stieß ich auf die WAST in Berlin, eine Einrichtung, bei der Angehörige Nachforschungsanträge stellen können. Auf diesem Weg wurde uns von den sehr freundlichen und hilfsbereiten Angestellten mitgeteilt, dass mein Schwiegervater in der Zeit von 1945 bis 1947 in Tscheljabinsk im Gefangenenlager interniert war. Doch noch lag unsere Abreise in weiter Ferne.

Bei unserer Bekannten Karin waren wir eingeladen zum sechzigsten Geburtstag, sie wünschte sich anstelle von Geschenken einen Obolus für ihre Reisekasse. Auch ihr Traum war eine Reise mit der Transsibirischen Eisenbahn, wie sie uns auf der Feier erzählte, und ihr Mann Manfred war genau so begeistert von dieser Idee. Was lag also näher, als gemeinsam dieses Vorhaben in die Tat umzusetzen. Natürlich war die Terminplanung bei vier Rentnern alles andere als einfach – schliesslich haben Rentner nie Zeit.

Der Termin sollte in einer Jahreszeit liegen, in der es auch in der Mongolei noch warm ist und die Reise wollten wir in Peking beginnen, um den langen, anstrengenden Flug an den Anfang zu setzen. Am Ende der Reise, die ja nicht unbedingt erholsam ist, sollte dann nur noch ein kurzer Flug von gut zwei Stunden vor uns liegen. Nun mussten wir nur noch einen Reiseanbieter finden, der unsere sehr konkreten Vorstellungen in die Tat umsetzen konnte.

Nach ausgiebigem Durchsuchen der Internetangebote landen wir schließlich bei einem Veranstalter, der einen sehr seriösen und kompetenten Eindruck auf uns macht. Auch das

Reiseprogramm entspricht unseren Wünschen, wir entschließen uns, zusätzlich noch ein Vorprogramm in China zu buchen und eine Verlängerung an die Hauptreise anzuhängen, die weiter nach St. Petersburg führt – wenn wir schon mal in der Gegend sind. Als Reisezeit wählen wir den August. Da ist es zwar in China noch recht heiß, im weiteren Verlauf der Fahrt aber gerade angenehm. Wir entscheiden uns für die Kategorie II im Sonderzug »Zarengold«, hier befinden sich beide Betten unten, es muss also niemand oben schlafen.

Es wird uns bewusst, dass wir eine Strecke von etwa 10.000 Kilometern im Zug verbringen werden, von Peking bis Moskau und weiter nach St. Petersburg.

Russland umfasst eine Fläche von 17 Millionen Quadratkilometer – Deutschland ist im Vergleich gerade 356.000 Quadratkilometer groß – und es leben 145 Millionen Menschen im Land, verteilt auf 11 Zeitzonen.

In der Reisebeschreibung steht, dass es sich nicht um eine Luxusreise handelt, auch das wird uns allmählich immer klarer.

Treffen vor der Abreise

Nachdem der Entschluss für unser Abenteuer feststeht, verlieren wir keine Zeit mehr und buchen unsere Traumreise. Karin und Manfred haben in ihrem Bekanntenkreis über unseren Plan gesprochen und so erfuhr auch Gerhard, ein guter Bekannter, von unserem Vorhaben.

Auch er träumt bereits seit seiner Kindheit vom Baikalsee, sein größter Wunsch war, ihn einmal mit eigenen Augen zu sehen. Seine Frau kann aus gesundheitlichen Gründen an solch einer strapaziösen Reise leider nicht teilnehmen und so beschließt er spontan, sich uns anzuschließen. Glücklicherweise ist es noch möglich, ein weiteres Abteil neben unseren beiden zu buchen. Mittlerweile sind auch die Reiseunterlagen mit den Visaanträgen eingetroffen. Da wir Gerhard noch nicht persönlich kennen, verabreden wir uns kurzfristig zu einem Treffen, auch um Einzelheiten der Reise zu besprechen. Mit einem Boxbeutel unter dem Arm treffen Karin, Manfred und Gerhard bei uns ein. Rudi, mein Mann, stellt gleich fest, dass er Gerhard von irgendwoher kenne. Alle Möglichkeiten werden erörtert: gemeinsamer Schulbesuch – nein, Ausbildung – auch nicht. Nach der dritten Flasche Wein sind wir mit den Lebensläufen beim Wehrdienst. Endlich, das ist es! Beide waren im Januar 1963 gemeinsam zur Grundausbildung in Mellrichstadt, alte Kameraden also.

Unsere Stimmung ist wunderbar, die Gruppe passt und so ist es abgemacht: Zu fünft wollen wir die Weiten Russlands durchqueren und die Abenteuerlust hat uns gepackt.

Die Transsibirische Eisenbahn

Im Dezember 1892 wurde in St. Petersburg unter dem Vorsitz von Zar Nikolaj II das Komitee der Sibirischen Eisenbahn gegründet. Dieser Ausschuss hatte das Recht, Mittel zu bewilligen, Grund und Boden sowie Holz und Gebäude zu beschlagnahmen, über Streckenführung zu entscheiden und Sträflinge und Soldaten zum Arbeitsdienst heranzuziehen. In Spitzenzeiten wurden an den verschiedenen Bauabschnitten zusammen mehr als 100 000 Menschen zum Eisenbahnbau eingesetzt. Die Arbeiten forderten zahlreiche Opfer, viele Arbeiter starben an Seuchen. Strafgefangene mussten bis zur Erschöpfung arbeiten. Die Transsib wurde in mehreren Etappen und an mehreren Orten des Landes gleichzeitig gebaut. Die Planung war mangelhaft, einige Experten meinten sogar, die Hälfte der Strecke sei vor Beginn der Arbeiten gar nicht vermessen gewesen.

Den einzelnen Bauabschnitten gab später die Eisenbahnverwaltung ihre Namen, die bis heute noch gültig sind. Somit entstanden die Westsibirische-, die Mittelsibirische-, die Baikal-, die Transbaikal-, die Amur- und die Ussuri-Bahn. Die Strecke Moskau-Wladiwostock beträgt 9.288 km quer über den eurasischen Kontinent.

Im Juni 1901 waren die Bauarbeiten abgeschlossen, wegen verschiedener noch vorhandener Probleme konnte der Regelzugverkehr jedoch erst im Frühjahr 1903 beginnen. Eine Erschließung Sibiriens wäre ohne die Transsib nicht so schnell möglich gewesen, die Bahn beförderte die reiche Ausbeute aus den Erzbergwerken Sibiriens in den Westen und an ihrer Strecke entstanden Millionenstädte.

Der zweispurige Ausbau der Bahnstrecke wurde erst nach dem Zweiten Weltkrieg fertig gestellt. Die durchgehende Elektrifizierung wurde nach 74 Jahren Arbeit am 25. Dezember 2002 abgeschlossen, wobei die Baumaßnahmen erst seit den 1950er Jahren in größerem Umfang durchgeführt wurden. Die Lokomotiven werden unterwegs mehrmals gewechselt, was wegen der verschiedenen Stromsysteme entlang der Strecke notwendig ist. Jedes Lokdepot betreut etwa 500 Kilometer Strecke, diese Wechsel bringen regelmäßige Pausen auf der Zugfahrt mit sich.

Anreise

Bereits zwei Wochen vor Reiseantritt beginnen wir, alle Sachen, die wir auf keinen Fall vergessen wollen, im Arbeitszimmer bereitzulegen. Besonders hilfreich ist das Infomaterial, das uns vom Reiseveranstalter zugeschickt wurde und das wir aufmerksam studieren. Sitzplätze im Flieger haben wir noch nicht reserviert. Unser Sohn ist Vielflieger bei der Lufthansa, er will uns zum nahe gelegenen Flughafen in Frankfurt fahren und uns beim Einchecken behilflich sein. Wir hoffen, dadurch einen Sitzplatz beim Notausstieg zu ergattern, hier hat man etwas mehr Beinfreiheit. Der Flug dauert schließlich achteinhalb Stunden und wir sind nicht mehr die Jüngsten. Einen Tag vor Abflug, wir kämpfen gerade noch mit dem Gewicht in unseren Koffern, bekommen wir einen Anruf von unserem Sohn, dass er einen Teil seiner angesammelten Meilen für uns geopfert und uns einen Platz in der Business-Klasse gebucht hat. Darüber freuen wir uns natürlich riesig.

Mit Karin und Manfred verabreden wir, dass wir uns im Flughafen in der Abflughalle treffen werden. Manfred, Karin und Gerhard wollen sich von einem Bekannten dorthin bringen lassen, wir fahren mit unserem Sohn.

Morgens um sieben Uhr klingelt das Telefon, Manfred ist am Apparat und sagt uns, dass in der Nacht um zwei Uhr überraschend seine 94-jährige Mutter gestorben sei und sie deshalb nicht an der Reise teilnehmen können. Was für eine traurige Nachricht und für Karin und Manfred ist die Enttäuschung riesengroß, die gepackten Koffer stehen bereits in der Wohnung. Die Mutter musste sich wegen eines Sturzes einer sofortigen Operation unterziehen und ihr Tod kam plötzlich und unerwartet für die beiden.

Am Flughafen treffen wir unseren verbliebenen Mitstreiter Gerhard mit seinem Gepäck vor einer riesigen Warteschlange am Check-in-Schalter. Ein Bediensteter der Lufthansa schickt uns zum SB-Schalter, damit die Wartezeit zum Einchecken nicht so lange sei. Es sind gerade noch die drei Plätze in der Maschine frei für Karin, Manfred und Gerhard, ansonsten sind bereits alle Plätze belegt. Es verspricht also, eng zu werden auf dem langen Flug nach Peking. Jetzt freuen wir uns erst noch einmal so richtig über unseren Platz in der Business-Klasse in bequemen Liegesitzen. Natürlich suchen wir vor Abflug die VIP-Lounge auf, eigentlich nur aus Neugierde, wie es darin aussieht und was sich da abspielt. Für uns ist das ja schließlich der erste Flug in einer anderen als der Touristenklasse. Wir holen uns eine Kleinigkeit zum Essen und ein Getränk und staunen über den riesigen Appetit von drei russischen Fluggästen am Nebentisch. Sie sind gut versorgt mit Bier und haben keine Hemmungen, die übrigen Gäste an ihrer Unterhaltung in einer enormen Lautstärke teilnehmen zu lassen. Soviel zum Thema »VIP-Lounge«.

Wir ziehen es vor, nun das normale Abflug-Gate aufzusuchen und uns dort mit Gerhard zu treffen. Außerdem wollen wir uns vor Abflug auch noch mit einer Thrombosespritze versorgen. Rudi, als alter Bundeswehrsani, macht das recht diskret bei mir, seinem alten Kameraden und sich selbst in einer stillen Ecke des langen Flures.

Der Aufruf zum Einsteigen in das bereitstehende Flugzeug erfolgt planmäßig um 17.30 Uhr, dann müssen wir aber feststellen, dass sich der Abflug erheblich verzögert. Wir erfahren von der Stewardess, dass sich ein Passagier nicht im Flugzeug befindet, dessen Gepäckstück bereits verladen ist. Nun muss der Koffer wieder gesucht und ausgeladen werden. Es dauert ungefähr eine Stunde, bis wir endlich startklar sind.

Kurz nach Erreichen der Flughöhe serviert uns die freundliche Stewardess zunächst ein Glas eisgekühlten Champagner, so lässt sich der Flug ertragen und ein Gedanke an den armen Gerhard in der vollbesetzten Ecconomi-Klasse lässt den Champagner noch besser schmecken. Nach dem anschließenden, ausgiebigen Abendessen genießen wir sofort die Annehmlichkeiten der Liegesitze. Die Flugzeit beträgt achteinhalb Stunden – halb so schlimm im Liegen. Die Flugroute führt über Moskau, Jekaterinburg, Ulan Bataar und die Wüste Gobi bis Peking.

Bereits im Flugzeug erhalten wir die ersten Einreiseformulare zum Ausfüllen für China – und es sollen nicht die letzten sein. Es sind eine Einreisekarte, eine Zolldeklaration und eine Gesundheitserklärung. Im Laufe der Reise werden noch weitere folgen: Für die Ausreise China: Ausreisedeklaration und Zolldeklaration; Einreise Mongolei: Einreiseformular und Zollformular, Ausreise Mongolei: Ausreiseformular und Zollformular, Einreise Russland: Einreisekarte oberer Teil und zwei Zollformulare, Ausreise Russland: Einreisekarte unterer Teil und Zollformular. Beim Kontrollschalter bei der Einreise nach China können wir staunend beobachten, dass niemand unsere nach bestem Wissen und Gewissen ausgefüllten Formulare anschaut, sie werden achtlos auf einen großen Stapel geworfen und die Einreiseabfertigung geht recht flott voran.

Am Morgen bei der Ankunft im Flughafen erfahren wir, dass während des Fluges irgendwann in der Nacht in der Economy-Klasse ein Gast erhebliche Kreislaufprobleme bekam und bewusstlos war. Zufällig waren Ärzte an Bord, darunter Peter, den wir später in der Datonggruppe kennen lernen werden, die Erste Hilfe leisten konnten. Zuerst überlegten sie, in Ulan Bataar eine Zwischenlandung vorzuschlagen, um dort den Patienten ins Krankenhaus zu bringen. Dann entscheiden sie jedoch, dass der Gesundheitszustand des Passagiers nicht so dramatisch sei und das Flugzeug planmäßig in Peking landen könne. Der Patient wird sofort in ein nahe gelegenes Krankenhaus gebracht. Dabei stellt sich heraus, dass der Patient selbst ebenfalls Arzt ist. Na sowas.

Ankunft in Peking

Am Flughafen in Peking, der Hauptstadt Chinas, landen wir morgens um neun Uhr und befinden uns endlich im Land des Lächelns. Es ist schon jetzt über 30 Grad heiß, der Himmel ist strahlend blau, kein Wölkchen in Sicht. Bernd, der Chefreiseleiter des Veranstalters, empfängt uns freundlich am Ausgang und teilt uns gleich in verschiedene Gruppen auf. Wir werden der Gruppe »Datong« zugewiesen, da unsere Reise von Peking weiter bis zur nordchinesischen Stadt Datong führt und wir dann erst den chinesischen Zug bis zur chinesisch-mongolischen Grenze nach Erlian besteigen.

Die Gruppe besteht aus neun Personen. Unsere Reiseleiterin für China heißt Jihui Zheng, eine freundliche, junge Chinesin, die sehr gut deutsch spricht. Jihui Zheng ist noch auf der Suche nach zwei Gästen, die ebenfalls unserer Gruppe angehören, die aber noch nicht aufgetaucht sind. Sie kann sie weder bei der Zollabfertigung noch bei der Kofferausgabe finden. Der Chefreiseleiter will sich um die fehlenden Gäste kümmern, damit wir schon mal starten können. Jihui Zheng begleitet uns mit dem bereitstehenden Bus zum zentral gelegenen Hotel Capital, das wir um 11 Uhr erreichen. Unterwegs erzählt sie uns, dass sie ein Jahr lang in Augsburg studiert hat und deshalb so gut deutsch spricht. Das wird sie bei der nahenden Olympiade bestimmt noch oft gut gebrauchen können.

Im Hotel haben wir endlich Gelegenheit, den Reisestaub abzuduschen, uns etwas auszuruhen und einige Euro in Renminbi, von den Chinesen kurz Yuan genannt, umzuwechseln. Wir müssen bei Ankunft im Hotel die Reisepässe abgeben, deshalb ist es nicht ganz einfach (und nicht unbedingt logisch), ohne Pass an chinesisches Geld zu kommen. Eine Geldwechselstelle befindet sich in der Hotelhalle neben der Rezeption, zwei junge Chinesinnen sitzen gelangweilt am

Schalter. Natürlich sind sie nicht bereit, uns ohne Reisepass etwas Geld zu wechseln. Es bedarf einer längeren Diskussion und mit viel Geduld und der Hilfestellung einer zufällig ebenfalls anwesenden Reiseleiterin gelingt es uns, ohne größere Formalitäten 20 Euro in Yuan umzutauschen, damit wir für den ersten Tag wenigstens etwas chinesisches Geld besitzen.

Gerhard ist nicht müde von der langen Reise, voller Tatendrang unternimmt er einen ersten Spaziergang zum nahe gelegenen Platz des »Himmlischen Friedens«. Auch er war schon einmal in Peking und das Treiben in der quirligen Stadt ist ihm nicht fremd.

Am Nachmittag treffen wir uns dann alle in der Hotelhalle, um die »Verbotene Stadt« zu besichtigten. Gerhard, ein etwas fülliger, gemütlicher Mittsechziger, fährt im Aufzug gemeinsam mit einem ebenfalls wohlbeleibten Chinesen. Der Chinese deutet auf Gerhards Bauch, dann auf seinen Bauch und zeigt mit dem Daumen nach oben. Fazit: Wohlbeleibte Herren sind auch in China gut angesehen. Und chinesisch ist gar nicht so schwer, die Verständigung funktioniert problemlos.

Die zwei fehlenden Personen der Datong-Gruppe sind inzwischen auch eingetroffen, es ist das Ehepaar Waltraud und Klaus aus Wien. Einer ihrer Koffer kam nicht mit der Maschine in Peking an, sie mussten reklamieren und mit dem Taxi zum Hotel fahren. Ärgerlich. Weiter sind noch in unserer Gruppe: ein Ehepaar aus Köln, Karin und Peter (der hilfsbereite Arzt im Flugzeug) aus Ladeburg, die Brüder Gerd und Claus, Gerhard und wir, also elf Personen. Ein großer Bus steht für uns bereit, in dem wir uns bequem ausbreiten können.

Eine Stadtrundfahrt, wie wir sie von anderen Städten gewohnt sind, ist in Peking sinnlos. Man sieht nur Mauern, moderne Hochhäuser und chaotischen Verkehr. Touristen fahren in Peking gezielt zu den einzelnen Sehenswürdigkeiten, und dafür braucht es sehr viel Zeit und Geduld.

Erste Feststellung: Peking heute ist mit Peking 1999 nicht mehr vergleichbar. Auf der Hauptstraße, die 70 km durch die Stadt führt, sehen wir bedeutend weniger Fahrräder als beim unserem letzten Besuch. Die Anzahl der Autos hat sich enorm erhöht, 1999 sah man auf den Straßen noch überwiegend Fahrräder und Karren, die Autos waren eher in der Minderheit. Doch turbulent und überfüllt ist es nach wie vor auf den Straßen, mittlerweile soll es ja schließlich etwa 1,8 Millionen Autos in der Stadt geben. Es herrscht Rechtsverkehr, die Autos jedoch haben das Lenkrad manchmal auf der rechten oder auch auf der linken Seite, je nach Herstellerland. Das sieht man hier alles nicht so eng.

Unser erster Besuch gilt der »Verbotenen Stadt«, auch Kaiserpalast genannt. Sie war die Heimat der Ming- und der Quing-Dynastie. Der einfachen Bevölkerung war es bis zur Revolution 1911 strengstens untersagt, den Kaiserpalast zu betreten.

Die Anlage wurde in der Zeit von 1406 bis 1420 von schätzungsweise 200 000 Arbeitern gebaut. Insgesamt 24 Kaiser lebten und regierten fast 500 Jahre lang in den zahlreichen Hallen, die hauptsächlich aus Holz und glasierten Ziegeln in den Farben gelb und purpurrot gebaut sind, umgeben von einer roten Mauer. Diese Farben waren allein dem Kaiser vorbehalten. Seit 1949 ist der Kaiserpalast für Besichtigungen freigegeben und täglich lassen sich ungefähr 10 000 Menschen von dieser prunkvollen Anlage beeindrucken.

Im August ist in China ebenfalls Ferienzeit, deshalb sind unzählige Touristen an allen Sehenswürdigkeiten. China ist mit 1,27 Milliarden Einwohnern das bevölkerungsreichste Land der Erde und wir haben den Eindruck, dass sie zurzeit fast alle in Peking sind. Jihui Zheng erfasst die Situation sofort und führt uns entgegengesetzt dem allgemeinen Besucherstrom vom Ausgang, dem »Tor der Göttlichen Begabung« Richtung Haupteingang, dem »Tor des Himmlischen Friedens« durch die Anlage. Das hat den Vorteil, dass wir einigermaßen ohne größeres Gedränge die prächtigen Palastbauten bestaunen können.

Am Haupteingang, der Endstation unserer Besichtigungstour, begrüßt uns ein wartender Kellner, der uns abholen und zum nahe gelegenen Restaurant geleiten will – auf chinesisch. Auf Inlinern fährt er vor uns her und zeigt uns das Lokal, in dem unser Begrüßungsabendessen vorgesehen ist. In chinesischen Lokalen sitzt man üblicherweise an großen, runden Tischen, an denen normalerweise zehn Personen Platz finden. Wir rücken etwas zusammen und stellen einen weiteren Stuhl dazu. So können wir immer gemeinsam an einem Tisch sitzen und es herrscht schon vom ersten Tag an eine lustige, gesellige Gemeinschaft in unserer Gruppe.

Auf einer drehbaren Glasplatte in der Mitte des großen Tisches stehen die unterschiedlichsten Speisen und jeder kann sich beliebig bedienen. Natürlich versuchen wir alle sofort, mit Stäbchen zu essen. Beim Ehepaar aus Köln klappt es hervorragend, Rudi kommt auch gut zurecht. Wir anderen geben uns mehr oder weniger Mühe, doch bevor es zu Problemen kommt, nehmen wir auch schon mal die Gabel zu Hilfe. Karin und Peter sträuben sich jedoch energisch gegen die Stäbchen und lassen sich Messer und Gabel bringen.

Lustig wird es immer am Tisch, wenn es Melonen zum Nachtisch gibt. Die Melonen sind portionsgerecht zubereitet und es sind immer zwei oder drei Teile mehr auf dem Teller, als Personen am Tisch sitzen. Die letzten Stücke überlassen wir großzügig den Brüdern Gerd und Claus, die das Angebot gerne annehmen, sie haben beide einen guten Appetit.

Bei der Rückfahrt zum Hotel wollen Waltraud und Klaus in der Fußgängerzone aussteigen, um ein paar Sachen aus dem verloren gegangenen Koffer, die sie dringend brauchen, zu ersetzen. Sie wissen ja nicht, wann der Koffer nach seiner Weltreise endlich in Peking seine Besitzer findet.

Wir steigen ebenfalls bei einem Stopp an einer Ampel nahe der Fußgängerzone aus dem Bus, Gerhard schließt sich uns an. Angelockt von verführerischen Düften schlendern wir entlang unzähliger Imbissbuden.

Verschiedene Speisen wie Lammspieße, gegrillter Fisch und Obst, die sehr appetitlich angerichtet sind, werden hier lautstark zum Verkauf angeboten, die Chinesen greifen auch herzhaft zu. Wir schauen uns die Köstlichkeiten erst einmal in aller Ruhe an und beobachten die Chinesen beim Essen. Auf Spießen sehen wir auch gegrillte Larven, die wir nicht identifizieren können, da verlässt uns doch der Mut und wir entschließen uns, auf das Abendessen im Hotel zu warten, statt uns gleich am ersten Abend den Magen zu verrenken. Beim anschließenden Bummel durch die Fußgängerzone mit ihren verlockenden Geschäften sehe ich eine zweireihige Perlenkette, die mir besonders gut gefällt. Sie ist mir nur etwas zu kurz. Für die Verkäuferin ist das allerdings kein Problem, sie nimmt sie im Nu auseinander und zieht sie auf die von mir gewünschte Länge mit zusätzlichen Perlen neu auf. So einfach können Dinge sein! Im Geschäft wimmelt es von Verkäuferinnen, die mehr oder weniger gelangweilt herumstehen. Zeit spielt hier keine Rolle. Beneidenswert.

Beim weiteren Bummel durch die lebhafte Straße überrascht uns ein plötzlich aufziehendes, heftiges Gewitter. Und in Asien bedeutet »heftig«, dass es scheint, es würde jemand ganze Badewannen über unseren Köpfen ausgießen. Wir können gerade noch in ein Stoffgeschäft flüchten, um nicht bis auf die Haut nass zu werden. Glück im Unglück: So habe ich Gelegenheit, mir die wunderschönen, chinesischen Seidenstoffe in Ruhe anzuschauen. In einer Ecke, in der sich die Stoffballen für Herrenanzüge befinden, bietet uns ein geschäftstüchtiger Verkäufer sofort an, für Rudi einen Maßanzug aus hochwertigen Stoffen für nur 150 Euro zu nähen, der am nächsten Mittag fertig sein würde. Die chinesischen Schneider sind für ihre gute Arbeit bekannt und wir geraten kurz in Versuchung. Aber leider sind wir dann ja schon unterwegs zu unserem Zug, sonst hätten wir von diesem Angebot mit Sicherheit Gebrauch gemacht.

Dann warten wir im Eingangsbereich des Geschäftes geduldig auf das Ende des Platzregens. Die durch die Fußgängerzone eilenden Chinesen stört der Regen nicht, sie stülpen sich einfach eine leere Plastiktüte über den Kopf und hasten weiter. Im Nu kommt ein Schirmverkäufer und bietet uns Regenschirme zum Kauf an. Die Chinesen sind ein wirklich geschäftstüchtiges Volk! Wir ziehen es aber vor, abzuwarten, bis der Regen aufhört.

Nun wollen wir mit einem Taxi zum Hotel fahren, aber außer uns wollen das nach diesem Unwetter offensichtlich auch alle anderen Menschen, die in der Stadt unterwegs sind und es scheint schier unmöglich, ein freies Taxi zu finden. Dabei gibt es ungefähr 70.000 Taxen in der Stadt. Nach etwa einer Stunde, in der unzählige Taxen an uns vorbeifahren, die alle voll besetzt sind, verändern wir unseren Standort und gehen ein paar Straßen weiter. Vor einem großen Hotel finden wir endlich ein leeres Taxi, das uns zu unserem Hotel bringt zum Preis von 10 Yuan, das entspricht etwa einem Euro, (Waltraud und Klaus mussten für die Fahrt vom Flughafen zum Hotel einem skrupellosen Taxifahrer 500 Yuan bezahlen, der Reiseveranstalter hat ihnen das Geld aber wieder ersetzt). Zum Glück steckten wir uns an der Rezeption eine Visitenkarte des Hotels in die Tasche und können sie dem Taxifahrer zeigen, denn sonst hätten wir kaum eine Chance, nach Hause zu finden, schliesslich können wir nicht einmal die Straßenschilder lesen. Die Taxifahrer in Peking sprechen kaum ein Wort englisch, eine Verständigung ist also unmöglich. Bis zum Beginn der Olympiade soll sich das allerdings ändern, sagt uns Jihui Zheng, alle Taxifahrer müssen Englischkurse besuchen, damit sie die wichtigsten Redewendungen beherrschen. Na, wir sind gespannt!

Bei der Ankunft im Hotel lassen wir in der Hotelhalle den ersten Tag mit seinen überwältigenden Eindrücken bei einem kühlen Bier ausklingen. Reiseleiter Bernd kommt zu uns an den Tisch und erkundigt sich freundlich nach unserem Befinden. Er erzählt uns, dass der erkrankte Reiseteilnehmer, der vom Flughafen direkt ins Krankenhaus eingeliefert wurde, wieder entlassen und im Hotel sei und an der Reise ohne Probleme teilnehmen kann.

Peking

Der Himmel ist wieder strahlend blau mit herrlichem Sonnenschein, nachmittags wird es wieder über 30 Grad warm. Die Sicht ist heute klar, von der Dunstglocke über der Stadt, wie sie sonst üblich ist, ist nichts zu sehen. Es ist Sonntag und nicht allzu viel Verkehr auf den Strassen, vielleicht liegt es daran.

Nach der Öffnung der Volksrepublik China für westliche Technologieimporte im Jahre 1978 hat sich Peking zu einer modernen Großstadt entwickelt und gehört heute zu den großen Hauptstädten der Welt. Bei der Fahrt zum »Platz des Himmlischen Friedens« (Tiananmenplatz) sehen wir unzählige Kräne und Baustellen. Peking putzt sich heraus zur Olympiade 2008 und bis dahin ist auch noch viel zu tun.

Der »Platz des Himmlischen Friedens«, nach 1949 gebaut, ist mit gigantischen 44 Hektar der größte Platz dieser Art auf der ganzen Welt, fast eine Million Menschen können hier zusammenkommen, erzählt uns Jihui Zheng. Heute ist er jedoch vor allem wegen der Ereignisse von 1989 bekannt, als Studenten und Arbeiter friedlich für Demokratie demonstrierten und am 4. Juni des Jahres Tausende Demonstranten vom chinesischen Militär getötet wurden.

In der Mitte des Platzes sehen wir das Denkmal für die Helden des Volkes. Jihui Zheng bringt dieses Denkmal hauptsächlich mit den Japanern in Verbindung, die an ihrem Volk schreckliche Verbrechen begingen, erklärt sie uns sehr emotional. An der Nordseite befindet sich das »Tor des Himmlischen Friedens« mit einem riesigen Portrait Maos. Es ist gleichzeitig das Eingangstor zur »Verbotenen Stadt«. Ein geschäftstüchtiger Fotograf überredet unsere Reiseleiterin und somit auch unsere Gruppe zu einem gemeinsamen Foto vor diesem Tor, das er uns bereits am Abend zum Hotel bringt. Die Chinesen sind wirklich jederzeit zur Stelle.

Vom 1977 errichteten Mao-Mausoleum an der Südseite ist nicht viel zu sehen, es ist eingerüstet und wird vor Beginn der Olympiade noch einmal auf Hochglanz gebracht. An der Fassade der großen »Halle des Volkes« ist eine Riesenuhr angebracht, die aktuell die verbleibenden Tage und Stunden bis zum Beginn der Olympiade anzeigt. Auf dem Platz selbst tummeln sich wieder zahllose Menschen, Souvenir-Verkäufer bieten lauthals Leinenmützen mit dem Olympia-Schriftzug »Peking 2008« und den bekannten fünf Ringen zum Kauf an. Gerhard legt sich sofort eine knallrote Kopfbedeckung zu, Rudi kann der Verlockung ebenfalls nicht widerstehen und nimmt auch gleich für unsere vier Enkel Kappen als Erinnerungsstücke mit. Wer besitzt schließlich schon ein Jahr vor der Olympiade ein solches Souvenir und außerdem sind sie ein praktischer Sonnenschutz. Als nächstes besuchen wir die Altstadt von Peking, die »Hutongs«. Mir ist nicht klar, was man darunter verstehen kann, da ja momentan alle alten Gebäude abgerissen und durch neue Hochhäuser ersetzt werden.

Für uns stehen Rikschafahrer bereit, die uns durch ein Viertel radeln, in dem mehr oder weniger alte Wohnhäuser stehen, in denen meiner Meinung nach aber niemand wohnt – Altstadt auf chinesisch. Alles sieht sauber, aufgeräumt und verlassen aus. Chinesen leben und wohnen vor dem Haus, kochen ihre Mahlzeiten auf dem Gehsteig und werfen allen Abfall auf die Straße, aber von all dem ist hier keine Spur. Am Ende der Straße dürfen wir eine Wohnung besuchen, die angeblich von einer Familie bewohnt wird. Die Frau des Hauses sitzt im Zimmer und wir dürfen ihr unsere Fragen stellen. Jihui Zheng übersetzt alle Fragen und Antworten. Ich habe das Gefühl, die Bewohnerin nickt manchmal schon auf eine in Deutsch gestellte Frage, bevor sie ins Chinesische übersetzt wurde. Ob das alles auch so ist, wie es scheinen soll? Aber vielleicht proben sie ja bereits den Touristenansturm zur Olympiade.

Nun steht die Besichtigung des »Himmelstempels« im Programm. Es handelt sich dabei um eine Gruppe von Tempeln, die im 15. und 16. Jahrhundert gebaut wurden, eine der bedeutendsten Sehenswürdigkeiten in Peking. Die weit angelegte, schöne Parkanlage dient aber auch den Bewohnern Pekings als Ruheort und Erholungsgebiet. Der riesige Platz ist umgeben von einer Echomauer. Wenn man an einer Stelle leise gegen die Mauer spricht, kann ein anderer an der gegenüberliegenden Stelle das Gesagte deutlich verstehen. Den Namen »Himmelstempel« erhielten solche Tempelanlagen nicht umsonst. Die chinesischen Kaiser verschiedenster Dynastien haben hier Opferzeremonien durchgeführt, die nur die Kaiser persönlich vornehmen durften. Jedes Jahr zur Zeit der Sommer- und Wintersonnenwende beteten sie für günstiges Wetter und opferten dem Himmel, der Sonne, dem Mond, der Erde, Göttern der Berge und der Gewässer, als Dank für eine gute Ernte.

Einen Stein in der Mitte des »Himmelsaltares« bezeichnen die Chinesen als den Mittelpunkt der Erde. Für jeden Chinesen, der diesen Ort besucht, ist es »Pflicht«, sich hier fotografieren zu lassen. Geduldig warten sie in einer langen Schlange, um sich für das Erinnerungsfoto in Positur zu stellen. Beim Anblick dieser wartenden Menschenmenge verzichten wir gerne auf ein solches Foto.

Die Hitze in der Anlage ist enorm, Chinesen gehen bei diesem Wetter generell mit einem Schirm zum Schutz vor der Sonne. An jeder Ecke bieten aufdringliche Händler lustige, bunte Schirme zum Verkauf an, Karin und ich können der Verlockung nicht widerstehen und kaufen uns einen knallroten und einen quietschgelben Schirm, den wir natürlich auch sofort benutzen, zur Belustigung aller in unserer Gruppe.

Am Abend im Hotel sehen wir die Reiseteilnehmer, die erst einen Tag nach uns in Peking eingetroffen sind. Chefreiseleiter Bernd begrüßt alle Gäste nochmals ganz offiziell und stellt die einzelnen Gruppen mit ihren Reiseleitern vor. Die gesamte Reisegruppe besteht nun aus 160 Personen. Wir sind etwas spät von der Besichtigungstour zurückgekommen, deshalb kann an diesem Abend unsere »Datong-Gruppe« nicht gemeinsam an einem Tisch sitzen, schade. Wir teilen uns an verschiedene Tische auf. Karin und Peter treffen das befreundete Ehepaar Marliese und Volker, mit dem sie später im Zug die gemeinsame Duschkabine zwischen den Abteilen teilen werden. Bei ihnen am Tisch ist zufällig noch Platz; Rudi, Gerhard und ich können uns ebenfalls dazusetzen. Die Brüder Claus und Gerd sitzen in der entgegengesetzten Ecke des Raumes bei einer Gruppe aus Bad Kissingen, Waltraud und Klaus und das Ehepaar aus Köln haben an verschiedenen Tischen Platz gefunden. Weil wir uns nicht sicher sind, ob Claus und Gerd auch zu ihrem obligatorischen, zusätzlichen Stück Melone kommen, bringen Karin und ich ihnen einen kleinen Teller mit Melonen an ihren Tisch. Natürlich freuen sich die beiden riesig über die lustige Geste, die übrigen Leute am Tisch können das allerdings nicht verstehen – macht aber nichts. Die »Datong-Gruppe« ist schon zu einer eingeschworenen Gemeinschaft geworden.

Peking und die Grosse Mauer

Das Wetter ist wieder herrlich, der Himmel strahlend blau, das Thermometer wird im Laufe des Tages wieder über die 30-Gradmarke klettern – aber man gewöhnt sich an alles.

Heute, am Montag früh, sieht der Verkehr auf den Straßen bedeutend anders aus, in der Stadt wohnen schließlich mehr als 14 Millionen Menschen. Zwischen den zahllosen Autos radeln viele Radfahrer zu ihren Arbeitsstellen. Wir fahren im Schritt-Tempo oder stehen im Stau. Kürzlich habe ich gelesen, dass in Deutschland pro tausend Einwohner fünfhundert Autos fahren, in China sind es zurzeit gerade mal zehn. Wie wird sich dann der Verkehr in den nächsten Jahren entwickeln? Damit uns die Zeit während der Busfahrt nicht langweilig wird, hat Jihui Zheng sich vorgenommen, uns beizubringen, wie man in China mit den Fingern die Zahlen anzeigt: Erhobener Zeigefinger bedeutet 1, Zeige- und Mittelfinger ist 2, Zeigefinger, Mittel- und Ringfinger ist 3, dazu der kleine Finger ist 4 und alle Finger einer Hand bedeutet 5 (wenigstens das ist wie bei uns). Bis hier ist es einfach und nachvollziehbar, schwieriger wird es weiter, weil nur eine Hand benutzt wird. Daumen und kleiner Finger bedeutet 6, Daumen, Zeigefinger und Mittelfinger an der Fingerkuppe zusammenhalten ist 7, Daumen und Zeigefinger hoch strecken heißt 8 (bei uns bedeutet das 2, wenn wir also nach unserer Methode 2 Bier bestellen, wird uns der Chinese 8 Bier bringen, gar nicht so schlecht, eigentlich), Zeigefinger hoch strekken und krümmen ist 9, eine Faust machen heißt 10. Die Zeit vergeht schnell, während wir unsere internationale Bierbestelltechnik verfeinern.

Endlich lassen wir die Stadt hinter uns und fahren noch ungefähr 50 km ab Stadtmitte zu den Ming-Gräbern. In einem Tal liegen hier 13 Ming-Herrscher begraben, ein »Tal der Könige« auf chinesisch quasi, aber es sind nur zwei der Gräber zugänglich.

Zu beiden Seiten der Straße sehen wir riesige Pfirsichplantagen, die Ernte ist in vollem Gange. Zahlreiche Verkaufsstände, voll beladen mit appetitlichen, saftig-roten Pfirsichen, reihen sich rechts und links entlang der Straße.

Beim Gang durch die etwa eineinhalb Kilometer lange »Allee der Tiere«, die zu den Gräbern führt, erschallt von links klassische Musik, von rechts Vogelgezwitscher und Grillengezirpe. Ich habe den Eindruck, da sind Lautsprecher im dichten Laubwerk der Bäume versteckt, aus denen nicht nur die klassische Musik, sondern auch die tierischen Laute eingespielt werden – oder aber die chinesischen Vögel und Grillen haben eine Schwäche für klassische Musik. Je zwölf überlebensgroße, weiße Marmortiere stehen sich auf beiden Straßenseiten gegenüber, immer abwechselnd einmal stehend und einmal sitzend. Weiter führt der beeindruckende Weg zwischen zwölf überlebensgroßen Menschenstatuen hindurch, sie stellen militärische und zivile Würdenträger dar.

Als nächster Besichtigungspunkt steht ein absolutes Highlight auf dem Programm: Die »Große Mauer«, angeblich das einzige von Menschen geschaffene Bauwerk, das sogar vom Weltraum aus zu erkennen ist. Sie wurde während der Ming-Dynastie (1368 – 1644) zum Schutz gegen das Eindringen der Mongolen erbaut, sie misst unglaubliche 6.350 Kilometer. Durch sie blieb China eine auf sich selbst fixierte Nation und versäumte die großen technischen und wissenschaftlichen Revolutionen der westlichen Welt. Na ja, vielleicht auch nicht nur wegen der Mauer.

Wir fahren durch bewaldete Berge nach Badaling, 70 km nordwestlich von Peking gelegen. Hier wurde im Jahre 1957 ein Teilstück der Großen Mauer restauriert und zur Besichtigung frei gegeben. Man steigt eine Treppe hoch zur Mauer und kann nun auf der rechten oder linken Seite entlanggehen. Wir haben uns für die linke Seite entschieden, die allerdings etwas steiler erscheint, als die rechte. Gerhard erzählt uns, dass eine Bekannte, die vor zwei Wochen die Mauer besuchte, für ihn am fünften Turm einen Zettel hinterlegt habe, den er nun suchen wolle. Ich bin mir nicht sicher, ob die Bekannte Gerhard veräppelt hat oder ob Gerhard uns einen Bären aufbinden will. Wie dem auch sei, wir gehen mit ihm und wollen ihm auch gerne bei der Suche helfen. Langsam arbeiten wir uns auf dem holprigen Weg, der von schmalen, unterschiedlich hohen Stufen unterbrochen wird, von einem Turm zum nächsten.

Die Brüder Claus und Gerd kommen uns schon wieder entgegen, sie haben aufgegeben, die Mauer zu besteigen. Der Weg ist ihnen zu mühsam und beschwerlich. Claus, der ältere der beiden Brüder, hatte erst kürzlich eine Hüftoperation. Unser Arzt Peter fragt ihn scherzhaft, ob das Gelenk wackelig sei und nicht fest sitze, vielleicht könne er die Verschraubung nachziehen. Claus trägt es mit Humor und beide gehen wieder zurück zum Cafe, in dem wir uns später alle treffen wollen.

Wir schlagen uns endlich tapfer bis zum vierten Turm durch. Hier befindet sich eine Plattform, auf der wir uns ausruhen und die herrliche Aussicht genießen, die für alle Mühen entschädigt. Unter uns sehen wir auf der gegenüberliegenden Seite eine riesige Sommerrodelbahn, die ich allerdings an dieser historischen Mauer nicht vermutet hätte.

Mit meinem neuen Handy, das mir meine Kinder erst vor kurzem zum Geburtstag geschenkt haben, will ich ein Foto von meinem Mann auf der Mauer machen und den Kindern per SMS schicken. Jedenfalls versuche ich es. Ich bin mit der Technik noch nicht so recht vertraut und merke plötzlich, wie neben mir zwei junge Chinesinnen, die das beobachten, lauthals lachen. Sie zeigen mir, dass ich das Handy verkehrt herum halte und statt durch den Sucher in das Objektiv schaue. Das erklärt, warum ich kein Foto machen kann. Mit ihrer Hilfe schaffe ich es dann endlich, ein Bild von Rudi zu schießen, allerdings funktioniert dann keine Telefonverbindung, ich kann das Foto nicht abschicken, leider.

Gerhard hat inzwischen die Suche nach dem Nachrichtenzettel aufgegeben, wer da nun wem einen Bären aufgebunden hat, wird also nun für immer ein Rätsel bleiben. Im schlimmsten Fall gibt die nicht abgeholte Nachricht einem Archäologen in einigen hundert Jahren eine schwere Nuss zu knacken.

Auch der Abstieg ist nicht ganz mühelos, die Stufen sind sehr unterschiedlich hoch und die Pflasterstrecken dazwischen zum Teil sehr steil. Wir treffen Karin und Peter wieder, fotografieren uns gegenseitig – lachend und scherzend gelangen wir zu unserem Treffpunkt, dem Cafe am Straßenrand. Claus und Gerd erwarten uns bereits, sie haben sich in der Zwischenzeit T-Shirts gekauft, auf denen ihre Namen in chinesischer Schrift geschrieben sind. Jedenfalls behauptete das der Verkäufer. Waltraud und Klaus kommen ebenfalls dazu und wir haben gerade noch Zeit, ein kühles Bier zu trinken, bevor unsere Reise weitergeht.

Jihui Zheng verabschiedete sich bereits bei der Ankunft an der Mauer von uns, sie ist mit dem Bus wieder zurück nach Peking gefahren und betreut nun eine andere Gruppe. Wir werden am späten Nachmittag von einem neuen Reiseleiter namens Chen erwartet, der mit uns in einem anderen Bus nach Datong weiterfährt.

Die Fahrt nach Datong führt uns ungefähr 4 Stunden durch eine flache Ebene, die von kleinen Hügeln durchzogen wird. Zu beiden Seiten am Horizont sieht man die Silhouette einer Bergkette. Die Autobahn ist zum großen Teil ganz neu gebaut. Kilometerweise sind zu beiden Seiten riesige Maisfelder zu sehen, dazwischen blühende Sonnenblumenfelder und große Obstplantagen. Unzählige Pappeln und Zypressen sind an den Autobahnrändern frisch angepflanzt. Ab und an sehen wir kleine Ansiedungen aus gleichmäßigen Häuschen, ganz aus Ziegelsteinen gemauert.

In regelmäßigen Abständen befinden sich riesige Kohlehalden zu beiden Seiten der Straße. Es begegnen uns viele Tiertransporter, auf denen Schafe, Rinder und Pferde eng zusammengepfercht im offenen LKW bei über 30 Grad Hitze nach Peking zum Schlachthof gebracht werden.

Unser Reiseleiter Chen, der die deutsche Sprache nicht allzu gut beherrscht, versucht es ab und zu mit einigen Erklärungen. Später gibt er auf und liest uns stattdessen von einem Zettel die Eigenschaften der chinesischen Tierkreiszeichen vor. Seine monotone Stimme wiegt die meisten Businsassen in einen sanften Schlummer. Gegen Abend erreichen wir Datong und unser Hotel »Yungang International Da Xi Jie«. Die Industriestadt Datong ist ein Zentrum des Maschinenbaus und des Kohleabbaus. Im Vorbeifahren sehen wir einen großen Platz, auf dem eine Riesenleinwand aufgebaut ist, vor ihr sitzen die Leute auf Bänken und treffen sich zum Fernsehen. Auch die Jugend trifft sich hier am Abend zum gemeinsamen Spielen.

Obwohl meine Füße von der Hitze und dem vielen Treppensteigen stark angeschwollen sind, verabreden wir uns doch noch mit Karin, Peter und Gerhard zu einem abendlichen Bummel. Die Stadt liegt auf einer Höhe von etwa 1.200 Metern und man glaubt, ständig den Geruch von Kohle in der Nase zu haben. Hier gibt es noch so gut wie keinen Tourismus, wir werden von den Bewohnern als Exoten bestaunt. Sie bleiben stehen, lachen uns freundlich und ungeniert an, begrüßen uns mit Handschlag, klopfen uns auf die Schultern. Karin, die lange, blonde Haare hat, wird von einem jungen Mann mit Handkuss begrüßt. Wir genießen diesen abendlichen Stadtbummel und möchten dann gutgelaunt noch gemeinsam ein kühles Bier in der Bar trinken. Allerdings, eine Bar gibt es nicht, der Kellner des Frühstücksraums flüchtet vor uns, weil er kein Wort englisch spricht. Wir lassen uns dadurch jedoch nicht entmutigen und es gelingt uns mit Händen und Füßen, dem Empfangschef an der Rezeption unseren Wunsch verständlich zu machen und wir kommen zu unserem wohlverdienten Bier. Gott sei Dank.

Datong

Vor uns liegt ein anstrengender Tag, bereits um 6 Uhr erreicht uns der telefonische Weckruf des Hotels. Das Wetter ist immer noch gut, wieder an die 30 Grad.

Die Stadt, die mich am Abend mit ihren Lichtreklamen fast an Las Vegas erinnerte, sieht am Morgen im hellen Tageslicht ganz anders aus. Hinter den riesigen Fassaden mit Leuchtstoffreklame und Transparenten sehen wir verfallene Häuserblocks, viele Ruinen und viel Schmutz auf den Straßen und Plätzen. Heute früh steht die Besichtigung des Huayan-Klosters auf dem Programm, das im 11. und 12. Jh. errichtet wurde. Wir besichtigen eine der größten buddhistischen Hallen mit einer bunt bemalten Kassettendecke und den fünf vergoldeten Buddha-Statuen.

Mit dem Bus fahren wir anschließend vorbei an verträumten Dörfern zu den 75 km entfernten »Hängenden Klöstern«. Die Fahrt dauert etwa zwei Stunden, Chen gibt sich wieder alle Mühe, uns etwas über Land und Leute zu erzählen. Er tut sich sehr schwer, die deutschen Worte zu finden. Die passende Formulierung wäre wohl »er hat sich stets bemüht«. Um uns trotzdem zu informieren, nimmt er sich heute vor, uns die Regeln des Buddhismus vorzulesen. Wir tragen es mit Fassung und zunehmender Entspannung.

Die Straße zu den Klöstern führt in den Norden des Landes, sie ist sehr eng und in einem schlechten Zustand. Außer uns sind noch etliche Busse und unzählige, mit Kohle beladene Lastwagen in der gleichen Richtung unterwegs. Auf der rechten Straßenseite stauen sich kilometerlang die Kohlelaster, entgegen kommen unzählige, leere Kohlelastwagen. Irgendwo da hinten scheint ein immenser Kohleverbrauch zu sein. Dazwischen fahren die Busse als dritte Spur, außerdem schlängeln sich noch die Personenwagen durch das Chaos. Karin und ich sitzen im Bus vorne, halten nur die Luft an und können es nicht fassen, dass die Fahrzeuge tatsächlich immer wieder quasi unfallfrei aneinander vorbei kommen. Es geht gut bis etwa einen Kilometer, bevor wir die Klöster erreichen. Jetzt verkeilt sich alles, nichts geht mehr vor oder zurück. Chen schlägt vor, die restliche Wegstrecke zu Fuß zu gehen, so kommen wir am schnellsten zum Ziel. Im Gänsemarsch marschieren wir hintereinander, dicht an eine Mauer gedrängt, das letzte Wegstück bis zu den Klöstern mitten durch das Verkehrschaos. Wieder winken uns freundliche, im wahrsten Sinne des Wortes entgegenkommende, einheimische Autofahrer zu und freuen sich sichtlich über uns »Langnasen.« Wir nehmen es gelassen – eine andere Wahl bleibt uns auch nicht.

Das Kloster, zurzeit nicht mehr von Mönchen bewohnt, scheint an eine steile Felsenwand geklebt und ist über zahlreiche enge Treppen und Balkone zu besichtigen. Es wurde im 6. Jahrhundert gegründet und inzwischen mehrere Male umgebaut. Auch wenn es jetzt etwas zusammengestückelt wirkt, kann man seine ursprüngliche Schönheit noch erahnen. Etwas mühsam ist die Besichtigung der Anlage über die schmalen und steilen Treppen und Balkone, manchmal fällt es mir schwer, nach unten zu schauen. Wenn man aber den Rundgang einmal begonnen hat, bleibt keine andere Wahl, als weiter bis zum Ende zu gehen. Peter findet in einer Ecke einen alten Eimer, den er sich übermütig über den Kopf stülpt, um uns zu erschrecken. Im Eimer war allerdings noch ein Rest Sand, den er übersehen hat. Obwohl er uns leid tut, können wir uns ein schadenfrohes Lachen nicht verkneifen. Rudi und Gerhard, beide nicht besonders schlank, finden auf einem Balkon mit Mühe Platz für ein Erinnerungsfoto. Hoffentlich hält die Statik das aus. Mittlerweile entspannte sich der Verkehrsstau etwas, unserem Busfahrer gelang es, den restlichen Weg bis zum Parkplatz hochzufahren, um uns abzuholen.

Wir werden nun bei der Rückfahrt nach Datong noch einen Stopp machen bei den berühmten Yungang-Grotten. In diesen 53 Höhlen befinden sich heute noch mehr als 50.000 Buddhastatuen in den unterschiedlichsten Größen. Und das ist nur ungefähr die Hälfte dessen, was ursprünglich hier stand. Die größte Figur ist 17 Meter hoch, die kleinste 2 cm. In den jüngeren Höhlen sind die Steinfiguren komplett mit Ton überzogen und bunt bemalt. Die Figuren sehen rein chinesisch aus und tragen chinesische Kleidung. In der ältesten Grotte, die auf das Jahr 483 datiert werden konnte, sind die Wände mit unzähligen kleinen Buddhas geschmückt (1000-Buddha-Wände), und in der Höhlenmitte steht eine Säule in Pagodenform.

In Datong endet für uns die Busfahrt, wir besteigen hier den chinesischen Zug, mit dem wir um elf Uhr am Abend bis zur Grenze nach Erlian fahren. Chen begleitet uns zum Bahnhof. Der Tag war wieder sehr heiß, Karin hat noch einige chinesische Yuan, die sie vor der Grenze gerne ausgeben möchte. Sie lädt uns ein und schlägt vor, bis zum Eintreffen des Zuges noch gemeinsam ein kühles Bier zu trinken. Mit diesem Wunsch bringen wir Chen fast aus der Fassung. Er schafft es nicht, uns zu zeigen, wo wir ein Bier bekommen können, ich glaube, in diesem Bahnhof gibt es das auch gar nicht. Aber aufgeschoben ist nicht aufgehoben. Wir verabschieden uns von Chen und gleichzeitig auch von der Gruppe »Datong«, die ab jetzt leider nicht mehr existiert.

Bei dem Zug, den wir besteigen, handelt es sich um den chinesischen Regelzug, der die Strecke von Peking bis Erlian befährt. Er ist modern und bequem eingerichtet, in ihm sind für uns die Abteile reserviert. Wir haben nur unser kleines Gepäck dabei, das wir gar nicht erst auspacken, sondern nur herausnehmen, was wir für die eine Nacht brauchen. Die Hauptreisegruppe legte bereits die Strecke ab Peking in diesem Zug zurück. Die erste Nacht im Zug ist noch sehr ungewohnt, es dauert lange, bis ich endlich einschlafen kann. In der Nacht wache ich oft auf und lausche dem Rattern der Räder. Ein Geräusch, das uns ab jetzt viele Tage begleiten wird.

Erlian

Den chinesisch-mongolischen Grenzübergang Erlian in der Wüste Gobi erreichen wir am Morgen um 8.30 Uhr. Die Stadt ist der Grenzhalt zwischen der Mongolei und China und liegt in der Wüste. Unser Sonderzug Nr. 983 *»Zarengold«* mit der berühmten Lok *»Taigatrommel«* steht nun für uns bereit. Mit ihm kam gerade eine Gruppe an, die die gleiche Reise in umgekehrter Richtung von Moskau bis Peking unternimmt. Wir können deshalb noch nicht in den Zug einsteigen, er muss erst sauber gemacht und unser großes Gepäck aus dem chinesischen Zug umgeladen werden. Das wird einige Zeit dauern. Um die Zeit zu überbrücken, werden wir am Bahnhof von Rikschafahrern erwartet, die uns zum nahe gelegenen, großen Basar radeln. In der riesigen Markthalle und auf dem Vorplatz lassen wir uns von den betörenden Gerüchen und Warenangeboten beeindrucken.

Das Mittagessen nehmen wir in einem Hotel in der Stadt ein, hier treffen wir nochmals unsere Reiseleiterin Jihui Zheng, die uns in Peking betreute und jetzt die neu angekommenen Gäste abholt und zurück nach Peking geleitet.

Um die verbleibende Zeit bis zum Einsteigen noch zu überbrücken, besuchen wir das kleine Dinosauriermuseum in der Stadt. 1921 entdeckte ein amerikanischer Dinosaurierjäger in der Nähe der Stadt die ersten Dinosaurierüberreste in Asien nördlich des Himalajas, die hier in diesem kleinen Museum ausgestellt werden. Wer keine Lust zum Museumsbesuch hat, kann sich in der Hotelhalle aufhalten, wo kostenlos Erfrischungsgetränke angeboten werden.

Zum Bahnhof sind es dann nur ein paar Meter zu Fuß. Mittlerweile ist der Zug gesäubert und unser Gepäck umgeladen. Unser Waggon Nummer zwölf ist der zweite Waggon hinter der Lok (vor uns ist noch der Waggon 13). Rechts und links vom Einstieg erwartet uns in würdevoller Haltung, bekleidet mit der traditionellen Schaffneruniform, das Ehepaar Valentina und Eugenio, die uns freundlich begrüßen und uns beim Einsteigen behilflich sind. Sie werden nun für die Dauer der Reise für unseren Waggon und somit auch für uns zuständig sein. Unser Abteil Nr. 1 befindet sich direkt neben dem Schaffnerabteil, wir haben ein Zweibettabteil der Kategorie II gebucht mit zwei 70 cm breiten Betten unten. Dazwischen ist ein 42 cm breiter Gang, in dem unser »großes« Gepäck aus Peking schon auf uns wartet. Vor dem Fenster befindet sich ein kleiner Tisch mit zwei Flaschen Wasser, Keksen und Obst zur Begrüßung. Als Erstes werden wir wohl unser Gepäck verstauen müssen, um uns im Abteil überhaupt bewegen zu können. Unter jedem Bett ist ein Gepäckkasten, ein Kofferfach von 160 cm Breite befindet sich über der Tür. Es ist also von Vorteil, wenn das Gepäck auch dieses Format hat.

Diese Angaben las ich bereits in der Reisevorbereitungsmappe, allerdings war mir nicht bewusst, dass sich das Fach über der Türe in einer Höhe von 2,40 Metern befindet. Ich bin gut 1,60 m groß, dazu kommt noch die Höhe des Bettes von ungefähr 40 cm, auf das ich mich stellen kann. Also schlechte Voraussetzungen. Rudi hat eher die Möglichkeit, ein paar Kleidungsstücke in dem Fach unterzubringen. Einen Koffer lassen wir unausgepackt. Da unsere Freunde, das Ehepaar Karin und Manfred, nicht mit im Zug sind, ist das Abteil Nummer zwei neben uns frei und wir dürfen unseren Koffer dort deponieren, das Schaffner-Ehepaar Valentina und Eugenio erlaubt es uns – das entspannt die Platzsituation in unserem Abteil erheblich. Das restliche Gepäck verstauen wir unter den Betten und schon ist Platz in unserer »Guten Stube« für die kommenden zwei Wochen. Im Sonderzug-Bordbuch steht, dass diese Reise die komfortabelste Art des Reisens auf der Strecke der Transsibirischen Eisenbahn ist, es ist jedoch keine Luxusreise. Na gut.
Der Aufbau des Zuges:

Lokomotive, Wagen 13 bis 8 in der Kategorie II, Speisewagen D, C und B, Wagen 7 bis 4 in der Kategorie III, Speisewagen A, Wagen 3a, 3 + 2 in der Kat. IV (Bolschoi), Wagen 1 mit Reiseleitung, Arzt und einige Abteile der Kat. I und zum Schluss der Gepäckwagen.

Wir besuchen Gerhard, der in Abteil drei wohnt und das große Glück hat, dass kein alleinreisender, männlicher Gast mehr der Reisegruppe angehört. Deshalb steht ihm das Abteil alleine zur Verfügung. Mit einem Fremden den beschränkten Platz so lange zu teilen, stellen wir uns auch nicht allzu verlockend vor. Im Abteil vier sind Waltraud und Klaus untergebracht. An beiden Enden des Waggons befinden sich die Toilettenräume, im hinteren Raum zusätzlich eine Biotoilette. Sie kann genutzt werden, wenn der Zug längere Zeit steht, also bei Grenzkontrollen oder auf Bahnhöfen. Bei den kleinen Edelstahlwaschbecken in den Toiletten muss man einen nach unten ragenden Metallbolzen hoch drücken, damit Wasser fließt. Das bedeutet, man seift die Hände ein, drückt mit einer Hand den Bolzen hoch, spült die andere Hand ab und dann umgekehrt. Diese Technik braucht ein bisschen Übung, aber bald sind wir alle darin Meister. Unsere Freunde aus der Datong-Gruppe, Karin, Peter und die Brüder Claus und Gerd wohnen im Waggon vier, fast am anderen Ende des Zuges. Ihre Abteile in der Kategorie III haben Etagenbetten und für jeweils zwei Abteile einen kleinen, gemeinsamen Waschraum mit Dusche. Das Ehepaar aus Köln reist in der Bolschoi-Kategorie IV, sie haben ihren eigenen Speisewagen und wohnen bei Ausflügen in anderen Hotels, wir haben im Laufe der Reise keinen Kontakt mehr mit ihnen. Schade.

Die nun für uns zuständige Reiseleiterin Olga geht von Abteil zu Abteil und stellt sich vor, wir sind ab jetzt die Gruppe »Pink«. Olga wird uns bis Moskau ständig begleiten und für alle Fragen und Probleme zuständig sein. Zusätzlich wird uns bei allen Stadtbesichtigungen eine örtliche Reiseleitung betreuen.

Die Grenzformalitäten dauern endlos lange. An der chinesisch-mongolischen Grenzstation steht der Zug zwei Stunden in der brütenden Hitze bei immer noch etwa 30 Grad – aber die werden ja bekanntlich im Schatten gemessen. Die geplante Abfahrt in Erlian war für 16.30 Uhr vorgesehen, aber erst um 17.45 Uhr setzen sich die Räder unseres Zuges in Bewegung. Endlich geht es los – na ja fast, denn nach einer halbstündigen Fahrt warten wir nochmals eine Stunde beim mongolischen Zoll. Die Klimaanlage funktioniert nur, wenn der Zug fährt, die Fenster sind aus Sicherheitsgründen nicht zu öffnen – an sich schon die denkbar ungünstigste Konstellation. Dazu kommt: Wir dürfen wegen der Zollformalitäten den Zug nicht verlassen, wir schwitzen also still vor uns hin und üben uns in buddhistischer Gelassenheit, mangels Alternative. Als Entschädigung für die Warterei und das Schwitzen kündigt uns Reiseleiter Bernd über das Bordradio eine besondere Überraschung an. Wir sind gespannt!

Nachdem endlich alle Grenzformalitäten erledigt sind, warten auf uns vor dem Bahnhofsgebäude in Erlian mehrere Busse, die uns in einer halbstündigen Fahrt auf holprigen Naturstraßen in die Steppe zu einer kleinen Jurtensiedlung bringen. Am Eingang begrüßt uns eine Musikgruppe in traditioneller Folklorekleidung. Sie überraschen uns mit einem kleinen Konzert, bei dem sie auf verschiedenen Instrumenten spielen, darunter auch auf einer Pferdekopfgeige. Dabei handelt es sich um ein Streichinstrument mit einem geschnitzten Pferdekopf, es gilt als ein Nationalsymbol der Mongolen. Von einem der Männer hören wir den für die Mongolei typischen Kehlkopfgesang. In der Mongolei und weiteren Ländern Zentralasiens rund um das Altaigebirge wird der Obertongesang, wie er auch genannt wird, heute noch gepflegt. Beim Kehlgesang werden durch entsprechende Atmung Teile des Kehlkopfs verengt. Damit wird ein Resonanzraum im Kehlkopf erzeugt, der den Oberton gegenüber dem Grundton verstärkt. Wir können eine Jurte besichtigen, in der ein Willkommensimbiss für uns bereitsteht. Die Jurte ist das traditionelle, kreisrunde Wohnzelt der Nomaden in der Mongolei. Ein Holzgerüst von etwa 6 Metern Durchmesser wird mit Baumwoll- und Filztüchern eingedeckt, kann schnell auf- und abgebaut und an verschiedene Orte transportiert werden.

Später am Abend fahren wir bei Dunkelheit über die holprige Pistenstraße wieder zurück zum Zug und können gleich zum Abendessen gehen. Wir sind schon sehr auf die Zugküche gespannt und hungrig sind wir auch – also starten wir den Lauf durch den Zug und suchen unsere Plätze. Für unsere Gruppe ist der Speisewagen »D« vorgesehen, er befindet sich im vorderen Drittel des Zuges. Wir gehen durch die Wagen 11, 10, 9 und 8, um unsere Plätze zu erreichen.

Im Speisesaal befinden sich Tische für vier Personen. Zu uns dreien setzt sich eine alleinreisende, ältere Dame, Frau Groß. Sie ist sehr witzig und humorvoll und eine angenehme Tischgesellschaft. Sie wohnt im Waggon 13 und erzählt uns, Ihr Mann befinde sich gerade in Tibet, vorher habe er in Indien eine mehrwöchige Wanderreise unternommen. Sie ist schon etwas über siebzig Jahre alt und noch topfit, aber das sei ihr doch zu anstrengend gewesen. Deshalb habe sie sich kurzfristig für diese Reise entschieden, sie sei für jemand eingesprungen, der die Reise absagen musste, erzählt sie uns. Deshalb besaß sie auch kein Visum für die Mongolei. Bei der Grenzkontrolle musste sie persönlich zum Zollbeamten gehen, der sehr unfreundlich war. Reiseleiter Bernd hatte ihr eigentlich versprochen, sie zu begleiten. Er kannte diesen Zöllner jedoch bereits und schickte deshalb einen anderen Reiseleiter mit, um das Visum dort direkt abzuholen.

Waltraud und Klaus sitzen am Nebentisch, nach dem Essen trinken wir noch gemeinsam ein kühles Bier, die Getränke zu den Mahlzeiten können wir in Euro, Rubel oder Dollar bezahlen – also entfällt hier das lästige Wechseln.

Bei der Rückkehr vom Speisewagen zum Abteil hält uns die Zugbegleiterin Alexandra fest und erzählt uns, dass sie gerade ihren 50. Geburtstag feiert. Natürlich lädt sie uns dazu ein, mit ihr einen Wodka zu trinken und eine Kleinigkeit zu essen. Wir kommen zwar vom Essen, aber das lassen wir uns nicht zweimal sagen: Spontan singen wir ihr dafür im Gang der Transsibirischen Eisenbahn ein Geburtstagsständchen.

In der verbotenen Stadt

Verbotene Stadt

Imbissbuden in Peking

Grillspieße

Datong-Gruppe vor dem »Tor des Himmlischen Friedens«

Aufgereihte Rikschas in den Hutongs

Verkaufsstand mit Sonnenschirmen
im Himmelstempel

Olympia-Uhr

»Allee der Tiere« zu den Ming-Gräbern

»Große Mauer« bei Badaling

Auf der »Großen Mauer«

Karin, Peter und ich
bei der Mauerbesteigung

Kolonne der Kohlelaster auf der Straße
zu den »Hängenden Klöstern«

»Hängende Klöster« nördlich von Datong

Wand mit Buddhastatuen
in den Yungang-Grotten

Datong-Gruppe bei einer Pause
im Schatten des Himmelstempels

In der Markthalle in Erlian

Folkloregruppe mit Pferdekopfgeige

Blick vom Zaisanberg über die Stadt Ulan Bataar

Wir feiern Hochzeitstag in Ulan Bataar

Gandan-Kloster

Rudi und Gerhard setzen die Gebetsmühlen in Gang

Weidende Yacks in der mongolischen Steppe

Am Schamanenhügel (»Ovoo«) in der Mongolei

Edelweiß in der Mongolei

Gerhard, Rudi und Frau Groß
vor einer Jurte

Ulan Bataar – Hauptstadt der Mongolei

Die erste Nacht im Zarengold liegt hinter uns, wir schliefen wider Erwarten gut, das Rattern des Zuges hat nicht groß gestört. Wir fahren von Erlian bis Ulan Bataar 724 Kilometer. In unserem Waggon befindet sich ein Duschraum für die Wagen 13, 12 und 11. Ich will nachsehen, ob Möglichkeit zum Duschen besteht. Die Türe ist verschlossen, daneben hängt eine Liste, in die man sich eintragen kann. Bis in die Nacht um 3 Uhr ist die Dusche vorreserviert. Wer reserviert sich im Urlaub eine Dusche für 3 Uhr in der Nacht? Aber auch gut, wozu habe ich jede Menge Feuchttücher dabei, das spart auch Parfum, der dezente Zitronenduft wird ja gleich mitgeliefert. Zähneputzen gelingt auf der Toilette neben dem Aufenthaltsraum des Schaffner-Ehepaares Valentina und Eugenio, ist aber gewöhnungsbedürftig und geht folgendermaßen vor sich: Zähne mit Zahnpaste schrubben, kurz ausspülen (wegen der Wasserqualität) anschließend im Abteil mit einem kleinen Schluck Wodka gurgeln (wegen der Desinfektion), dann Zahnpflegekaugummi (wegen des Wodkageruches). Und das alles in dem engen Raum mit dem komischen Wasserhahn, den man ständig mit einer Hand hoch drücken muss, aber auch das geht mit der nötigen Portion Humor. Und, was soll´s, wir sind ja auf keiner Luxusreise, steht im Bordbuch.

Gerhard ist auch schon bereit für das Frühstück. Er erzählt uns, dass er zu Hause oft lange schläft, im Zug wecken ihn die Sonne und das Rattern der Räder. Wir begeben uns wieder auf den Weg zu unserem Speisewagen.

Über das Bordradio hören wir von Reiseleiter Bernd alle notwendigen Informationen, zu bestimmten Zeiten hält er sehr interessante und kompetente Vorträge über Land und Leute. So vergeht die Zeit im Zug quasi wie im Flug. Im Laufe des Vormittags erreichen wir die Hauptstadt der Mongolei,

Ulan Bataar, wo ein längerer Aufenthalt mit Übernachtung vorgesehen ist. Erka, die örtliche, mongolische Reiseleiterin, begrüßt uns am Bahnhof und wird uns die kommenden zwei Tage betreuen und uns die Sehenswürdigkeiten zeigen und erklären.

Es kommen noch zwei Personen zur Gruppe, die direkt nach Ulan Bataar geflogen sind. Eine alleinreisende Frau und Wolfgang aus Wien.

Unser Hotel Bayangol können wir noch nicht beziehen, die Zimmer sind noch nicht fertig. Das kennen wir ja inzwischen und üben uns in buddhistischem Gleichmut: Wir besuchen deshalb wieder zuerst den Zaisanberg, einen Aussichtshügel am Rande der Stadt. Hier genießen wir einen herrlichen Ausblick. Vor uns sehen wir eine Millionenstadt, in der mittlerweile ein Drittel der Bevölkerung lebt. Zwischen Hochhäusern, manche mit glänzenden Glasfassaden, sieht man Wohnblocks, bunte Geschäftsbauten mit riesigen Reklametafeln, dazwischen aber auch kleine Wohnsiedlungen und Jurten. Besonders fallen mir die unzähligen Baustellen auf, in der Stadt tut sich einiges. Noch ein Highlight ist zu sehen: Am Fuß des Zaisan-Hügels wurde im Jahre 2005 eine 21 Meter hohe, vergoldete Buddhastatue aufgestellt, sie bildet den Mittelpunkt des neuen »Buddha-Parks«. Zum Mittagessen besuchen wir einen Biergarten. Ein Bier zu bekommen, ist in Ulan Bataar kein Problem, es gibt zwei große Brauereien, die sich in deutscher Hand befinden und in denen das Bier nach deutschem Reinheitsgebot gebraut wird: Khan-Bräu und Chingis-Bier, wie sollten sie auch anders heißen. Textzeilen schleichen sich in den Kopf »Sie ritten durch die Steppe, 1000 Mann ... und man hört sie lachen: hahah ...« Aber dieser alte Schlager ist in der Mongolei natürlich nicht bekannt. Der Name Dschingis Khan durfte in der Mongolei bis 1990 nicht einmal erwähnt werden, er war verschrien als Massenmörder. Heute jedoch sind die Mongolen wieder sehr stolz auf ihren Staatsgründer und benennen Bier, Wodka, Flughäfen und Hotels nach ihm.

Wir treffen Karin und Peter aus der Datong-Gruppe. Peter lädt uns ein, nach dem Abendessen im Hotel in die Weinstube zu kommen, dort habe er einen Tisch für uns reserviert. Gerhard und die Brüder Claus und Gerd werden auch kommen, Waltraud und Klaus ebenfalls. Außerdem hat er noch das befreundete Ehepaar Marliese und Volker eingeladen, mit dem sich Karin und Peter die Dusche zwischen den Abteilen teilen. Von Waltraud erfahre ich dann, dass Karin und Peter ihren 30. Hochzeitstag feiern möchten. Einen Grund zu Feiern lassen wir natürlich nicht aus. In einem Souvenirladen des Hotels finden wir einen schönen Bildband über die Mongolei, der uns als passendes Geschenk erscheint. Ich sehe zufällig zwei paar Essstäbchen in einem Seidenetui, verziert mit einer kleinen Seidenrose. Gnadenlos kitschig. Da Karin und Peter in China immer Probleme hatten, mit Stäbchen zu essen, gefallen sie mir als witzige, ideale Beigabe zum Geschenk.

Nach der Besichtigung des Tschojdschin-Lama-Tempels fährt Erka, unsere örtliche Reiseleiterin, mit uns zu einer Kaschmirfabrik. Zwanzig Prozent der weltweiten Kaschmirproduktion stellen die Mongolen her. Ich habe mir eine wunderschöne Strickjacke gekauft, allerdings musste ich sie in der Größe XXXL nehmen, schockierend – normal trage ich Größe 42. Das Etikett habe ich sofort herausgeschnitten.

Vor dem Abendessen genießen wir eine Folkloreveranstaltung, die zu unserer Überraschung von unserem Chefreiseleiter Bernd in traditioneller Tracht moderiert wird. Herrliche Kehlkopfgesänge und auch Klänge der Pferdekopfgeigen sind zu hören. Beim Spielen wird das Instrument aufrecht gehalten, mit dem Resonanzkörper zwischen den Knien der Spieler. Erka erzählt uns eine Legende, aus der die Entstehung der Geige herrührt: Ein junger Hirte besaß ein magisches, geflügeltes Pferd. Das bestieg er jede Nacht und flog damit zu seiner Geliebten. Seine Frau bemerkte sein Tun und schnitt die Flügel des Pferdes ab, wodurch das Pferd starb. In seiner Verzweiflung, weil er seine Geliebte nun nicht mehr besuchen konnte, schnitze er aus den Knochen des Pferdes eine Geige und besang zu ihrer Musik seine Trauer.

Wir sehen neben akrobatischen Einlagen auch tanzende Schlangenmädchen, die uns ihre Kunststücke zeigen. Bereits im Alter von fünf Jahren üben die Mädchen die Kunst des Körperverbiegens, bis sie dann mit ungefähr vierzehn Jahren auf einer Bühne auftreten.

Bei der anschließenden Fahrt zum Abendessen in die Khan-Brauerei erzählt uns Erka, dass die Mongolei rege Geschäftsverbindung mit Deutschland pflegt. Tierische Därme z. B. werden exportiert für Münchner Weißwurst und Nürnberger Bratwürste. So klein ist die Welt, Nürnberger Rostbratwurst im mongolischen Tierdarm. Mahlzeit.

Wolfgang aus Wien, der an diesem Tag erst zur Reisegruppe kam, sitzt mit uns am Tisch. Er ist immer gut aufgelegt und man kann sich angenehm mit ihm unterhalten, er ist sehr witzig und schlagfertig, hat auf alles eine passende Antwort. Er erzählt uns, dass er bei der Bahn arbeitet. Nach dem Essen schreibt er fleißig einen Stapel Ansichtskarten, es sind 17 Stück. Auf meine Frage, ob ihm das nicht zuviel Arbeit sei, meint er trocken: »Nein, ich habe gestern schon einmal 9 Karten geschrieben«. Sicher hat er einen großen Freundeskreis, dem er einen lieben Gruß aus der Ferne zukommen lassen will.

Als Tischgetränk gibt es die übliche Flasche Wasser, und das in einer Brauerei, die einem deutschen Besitzer gehört! Wir können es nicht fassen.

Später im Hotel treffen wir uns mit Karin, Peter und dem Rest der Datong-Gruppe. Der Kellner hat in der Weinstube für das Jubelpaar einen großen Tisch festlich gedeckt, der Kübel mit Champagner steht schon bereit. Die Überraschung ist natürlich groß, als wir dem Paar gratulieren und Rudi den Bildband mit einer Widmung der Datong-Gruppe überreicht. Sogar über den Spaß mit den Essstäbchen können beide herzhaft lachen und versprechen, damit fleißig zu üben. Wir verbringen einen lustigen Abend, allerdings geht es Gerd, dem jüngeren der Brüder, nicht gut. Er hat Magen- und Darmprobleme und muss sich bald auf sein Zimmer zurückziehen. Sein Bruder Claus jedoch vertritt ihn tapfer und trinkt bei jeder Runde ein Glas extra auf seine Gesundheit. Das ist wahre Bruderliebe.

Mongolische Schweiz

Heute ist der Himmel bewölkt, wir erleben den ersten Tag ohne blauen Himmel. Es ist auch nicht mehr so heiß wie an den vergangenen Tagen, gerade angenehm. Das kann aber auch an der Höhe liegen, Ulan Bataar liegt immerhin 1.400 Meter über dem Meeresspiegel.

Viele Reiseteilnehmer klagen heute über heftigen Durchfall, manche auch zusätzlich über Gliederschmerzen und Übelkeit. Klaus fühlt sich ebenfalls nicht in der Lage, an den Ausflügen und Besichtigungen teilzunehmen, Waltraud bleibt mit ihm im Hotel zurück. Sie müssen noch einmal ein Zimmer mieten, damit Klaus sich ins Bett legen kann und dafür 80 Dollar zusätzlich bezahlen. Uns dreien geht es gut, wir trinken, wie empfohlen, jeden Morgen einen kleinen Schluck Wodka nach dem Frühstück – und da heißt es immer, Alkohol sei keine Lösung! Frau Groß hat eine Imodium-Tablette gegen Durchfall genommen und fühlt sich so gerüstet. In der Hotelhalle erzählt sie mir, sie habe vorgesorgt und sich zuhause im Sanitätshaus eine Windelhose besorgt, die sie bei langen Busfahrten anziehen kann. Dadurch fühlt sie sich sicher. Ich finde diese Idee sehr gut und werde mich bei Bedarf daran erinnern. Eine Frau aus einer anderen Gruppe hat erhebliche Kreislaufschwierigkeiten und fällt vor dem stehenden Bus zu Boden. Peter, unser Arzt, ist wieder zur Stelle und leistet Erste Hilfe. Gut, wenn immer ein Arzt in der Nähe ist!

Der Verkehr in Ulan Bataar ist ein einziges Chaos, in dem Verkehrsregeln, wie wir sie kennen, kaum beachtet werden. Vorfahrt scheint der zu haben, der am lautesten hupt und wer bremst, hat sowieso verloren. Während der Fahrt zum Gandan-Kloster scheint ein PKW, der aus einer Seitenstraße kommt, unseren Bus übersehen zu haben, es gibt einen lauten Knall von Blech gegen Blech. Das stört hier niemanden, die beiden Fahrer schimpfen kurz miteinander und fahren weiter ihres Weges.

Einen Hauch von Tibet umweht uns im Gandan-Kloster, es ist das größte, noch aktive, buddhistische Kloster der Mongolei. Bis 1924 hieß die Stadt »Churee«, was einfach »Großes Kloster« bedeutet. Zu Beginn des 20. Jahrhunderts existierten im damaligen Churee noch zwölf große Tempelanlagen und von den 50.000 Einwohnern der Stadt waren 13.000 buddhistische Mönche. Im ganzen Land wurden 6.000 Klöster zerstört und unzählige Mönche ermordet, bevor die Mongolei 1990 zur Demokratie wurde. Die größte Glaubensrichtung in der Mongolei ist der tibetische Buddhismus (Lamaismus). Heute leben und beten hier wieder 900 Mönche, es gibt gegenwärtig 10 buddhistische Einrichtungen und Tempel.

Zwischen den farbenprächtigen Tempelanlagen des Gandan-Klosters tummeln sich unzählige Tauben auf den Plätzen, sie erinnern an den Markusplatz in Venedig. Die Buddhisten feiern gerade ihre Andacht und wir dürfen an einer solch beeindruckenden Zeremonie teilnehmen. Mehr oder weniger andächtig sitzen die jungen Mönche, mit ihren Gebetszetteln auf dem Schoß, und verrichten ihre Gebete und Gesänge. Viele Gläubige kommen mit ihren Anliegen zu den Mönchen und gegen einen entsprechenden Obolus tragen diese die Bitten den Göttern vor. Beim Verlassen des Tempels beobachte ich auf dem Vorplatz drei ganz junge Mönche in ihrem leuchtendgelben Gewand, die gerade mit einem Gamespiel auf ihrem Handy beschäftigt sind. Haben sie deshalb die Andacht versäumt? Rudi und Gerhard schlendern an den unzähligen Gebetsmühlen vorbei und versetzten sie eifrig in Drehbewegung, damit geben die beiden eigentlich ausreichend Gebete für alle möglichen Anlässe in Auftrag. Diese Art des Betens finde ich übrigens sehr praktisch. Auf dem Weg zum Bus überrascht uns plötzlich ein Platzregen, Gerhard hat keine Jacke dabei und wird bis auf die Haut nass. Wir nahmen zum Glück unsere Regenjacken mit, die uns jetzt gute Dienste tun. Rudi tat das allerdings nur auf meinen nachhaltigen Wunsch. Ich kann mir den Kommentar zu Gerhard nicht verkneifen: »Siehst du, wenn ich dir auch was zu sagen hätte, hättest du auch deine Jacke mitgenommen und würdest jetzt auch nicht nass«. Den darauf folgenden Kommentar der Männer möchte ich hier besser nicht wiedergeben.

Erka lässt bei der Weiterfahrt den Bus an einem Supermarkt anhalten, um Wodka zu kaufen. Viele Personen in der Gruppe haben Durchfall, ein Schluck Wodka ab und zu kann da nur hilfreich sein, ist ihre Meinung. Wir haben uns angewöhnt, immer, wenn wir in einem exotischen Land Urlaub machen, jeden Morgen nach dem Frühstück einen kleinen Schluck Wodka oder Cognac zu trinken. Ob es tatsächlich hilft oder ob nur der Glaube daran wirkt, können wir nicht sagen. Tatsache ist jedenfalls, dass wir, seit wir diese morgendliche »Anwendung« durchführen, noch nie Probleme mit dem Magen hatten.

Die Fahrt führt durch weite Steppen, überall sehen wir riesige Viehherden. Die Mongolen halten weit über 20 Millionen Rinder, Schafe, Ziegen, Pferde, Kamele und Yaks auf einer Landfläche, die viermal so groß ist wie Deutschland. Umgerechnet auf die Bevölkerungszahl von 2,3 Millionen Menschen bedeutet das je Einwohner im Durchschnitt 10 Tiere.

Die Nomadenkultur der Mongolei ist einzigartig auf der Welt. Die meisten Mongolen können sich kein anderes Leben vorstellen, viele der jungen Leute möchten Viehzüchter werden und bevorzugen eine landwirtschaftliche Ausbildung, die Lebensgrundlage sind ihre Tiere. Viermal im Jahr ziehen Sie zu einem anderen Weideplatz.

Bei einem Ovoo, einem Schamanenhügel, der den örtlichen Geistern gewidmet ist, hält unser Bus an. Es ist ein riesengroßer Steinhaufen mit vielen bunten Bändern. Ovoos sind heilige Plätze, an denen man den Schutz und Segen der Götter sucht.

Man umrundet diesen Hügel dreimal im Uhrzeigersinn und wünscht sich etwas, etwa, dass man vom Durchfall verschont bleibt und gesund wieder nach Hause kommt, meint Erka. Dann legt man etwas darauf, etwa einen weiteren Stein, ein blaues Band oder einen Geldschein, nur wegnehmen darf man nichts, und verspritzt einige Tropfen Wodka. Gerhard und Rudi umrunden den Steinhaufen dreimal und werfen jedes Mal einen Stein. Den Wodka jedoch verspritzen sie nicht, sondern trinken ihn. Auch eine Variante.

Der Schamanismus ist in der Mongolei immer noch weit verbreitet. Besondere Merkmale sind der Einsatz verschiedenster Mittel wie rhythmisches Trommeln, Tanz, bewusstseinserweiternde Substanzen oder Fasten zum Erreichen von Trancezuständen. Der Schamane soll so besondere Fähigkeiten der Heilung und Weissagung sowie verschiedenste spezifische, magische Kräfte erlangen.

Der Naturschutzpark »Mongolische Schweiz« empfängt uns mit herrlichen 25 Grad und dem berühmten *Gök Deeri*, einem strahlend blauen Himmel mit malerischen Wolkengebilden. Unser Bus passiert problemlos die abenteuerlichen Naturwege. Eine faszinierende Landschaft aus kleinen Flüssen, gigantischen Felsformationen, die an die Dolomiten erinnern, und grünen Hügeln umgibt uns. Mit Claus gehe ich ein Stück den Berghang hoch über grüne Wiesen, auf denen unzählige Edelweiße und Enziane blühen, dazwischen weiden zottelige Yaks.

In einem typischen Jurtenlokal erwartet uns anschließend ein traditionelles, mongolisches Mittagessen. Hammel wird in einer Milchkanne gekocht, dazu wird das Fleisch wechselweise mit heißen Basaltsteinen eingeschichtet und gegart, eine Spezialität in der Mongolei. Dazu gibt es frisch gezapftes, kühles Bier.

Peter fühlt sich nicht wohl, er will am Mittagessen nicht teilnehmen. Ich sehe vom Fenster, wie er über den Wiesenhang zu einer nahe gelegenen Baumgruppe geht. Er legt sich unter einen Baum und schläft ein. Das ist Urlaub.

Mittlerweile ist eine Gruppe junger, mongolischer Männer eingetroffen, die uns ihre Geschicklichkeit bei Ringkämpfen, Bogenschießen und Reitkunststücken vorführen. Wir erleben, wie die Stuten gemolken werden, und dürfen auch gleich von der lauwarmen Stutenmilch kosten. Der Hausherr einer nahe gelegenen Jurte lädt uns zum Besuch ein. Er hat sein bestes *Lawschak* angezogen, ein Obergewand aus Seide für den Sommer. Er begrüßt uns mit Schnupftabak, an dem man aus Gründen der Höflichkeit mindestens riechen muss, wenn man schon nicht schnupfen will. Seine Frau bewirtet uns mit *Gurud*, einem getrockneten Quark in größeren Stücken und *Boorsak*, in Fett gebratene Weizenfladen. In einer Silberschale wird *Tarak*, saure Ziegenmilch und *Kumys*, heiße, gegorene Stutenmilch angeboten. Ungewöhnlich – und das Meiste dieser Gerichte haben wir noch nie probiert – aber es schmeckt gar nicht mal schlecht!

Erka erzählt uns, dass eine Tochter dieser Familie in Frankreich studiert. Mongolen studieren auch gerne in Deutschland, erklärt uns der Hausherr. Auf einem kleinen Schränkchen neben dem *Dör*, dem Ehrenplatz und zugleich Sitzplatz des Hausherrn gegenüber der Eingangstür, steht ein kleines Modell des Eiffelturms.

Wir haben noch etwas Zeit zum Ausruhen, bevor uns der Bus wieder zum Hotel zurückbringt. Ein Mongole mit seinem Pferd fragt Rudi, ob er gerne eine Runde reiten möchte. Das Angebot nimmt er natürlich sofort an. Karin sorgt sich mittlerweile um ihren Peter, sie geht zu der Baumgruppe, um nach ihm zu sehen. Er liegt immer noch unter dem Baum und schläft. Aus der Ferne hören wir, wie jemand mit seiner Mundharmonika Lieder aus der Heimat spielt. Dieser Augenblick ist so schön und friedlich, dass ich ihn am liebsten in ein Schraubglas packen würde, um ihn daheim immer wieder hervorholen zu können.

Das Abendessen wird uns wieder in einer Brauerei serviert, dieses Mal natürlich in der Dschingis-Brauerei. Hier bekommen wir als Tischgetränk ein kühles Bier, wie es sich für eine ordentliche, deutsche Brauerei gehört. Na also, geht doch! Bei der anschließenden Modenschau führen uns spindeldürre Models genau die Kaschmirkleidung vor, die wir am Tag zuvor bereits in der Fabrik bewundert haben.

Um elf Uhr am Abend sind wir wieder in unserem Zug, voll mit neuen und faszinierenden Eindrücken und vor uns liegen 391 Kilometer Fahrt bis zur russischen Grenze.

Ulan Ude – Hauptstadt Burjatiens

Wir erreichen um 6 Uhr früh den Grenzübergang. Ein mongolischer Zöllner klopft leise an die Abteiltüre und holt unsere Pässe ab, wir können in den Betten bleiben. Wir fahren noch 20 km bis zur russischen Grenze, auch diese Kontrolle ist problemlos. Wegen der Grenzformalitäten ist heute die Dusche geschlossen, also erledigen wir die Morgentoilette wieder einmal mit Feuchttüchern. Mit der Dusche ist das eh so eine Sache; sie funktioniert nicht bei: Standzeiten in Bahnhöfen, davon gibt es sehr viele, wenn der Zug langsam fährt, zum Beispiel entlang des Baikalsees, bei Grenzkontrollen oder wenn die Zugbegleiterinnen und Reiseleiterinnen die Dusche benutzen. Vor sechs Uhr in der Früh und abends ab zehn Uhr ist sie generell geschlossen, das Wasser und das Licht sind abgeschaltet.

Unser Frühstück können wir heute nicht all zu lange ausdehnen, um 9 Uhr müssen wir wieder im Abteil sein, um unsere Pässe persönlich in Empfang zu nehmen.

Wir fahren noch einmal eine Zeitzone weiter Richtung Osten und müssen die Uhr um eine Stunde vorstellen.

Die Bahnstrecke durch die Mongolei führt entlang einer alten Handelsstraße. In Ulan Ude treffen wir auf die eigentliche Strecke der Transsibirischen Eisenbahn, die von Moskau nach Wladiwostock führt. Sie ist 9.288 km lang und dauert 7 Tage und 7 Nächte, wenn man sie von Anfang bis Ende an einem Stück durchfährt. Aber wer will das schon? Wir freuen uns über unsere langsame Fortbewegungsart und die wunderschöne Natur entlang der Strecke.

Beim Blick aus den Zugfenstern sehen wir zwischen grauen, halbverfallenen Häuserruinen in den Ortschaften Neubauten in knalligem, leuchtendem Blau und Grün, Gelb und Lila, gepflegte Gärten neben verwilderten Anwesen. Um jedes Anwesen ist ein hoher Bretterzaun gebaut, über den man den Müll ins Gelände wirft. Hügelige Landschaften, dazwischen viele kleine Seen, Flüsse und Sümpfe, eine Landschaft wie im Allgäu. Es begegnen uns immer wieder riesig lange Güterzüge, viele davon mit Holzstämmen beladen. Wir verbringen heute ziemlich viel Zeit im Zug, ich nutzte sie zum Lesen und schaue zwischendurch immer lange aus dem Fenster – außerdem kann ich mein Reisetagebuch auf den neuesten Stand bringen. Nach dem Frühstück besteht die Möglichkeit, sich in der Bordbibliothek (einem Koffer mit Büchern) mit Lesematerial zu versorgen. Ich hole mir das Buch von unserem Reiseleiter mit dem Titel »Reise durch Russland«. Eigentlich habe ich mir diese Reise viel langweiliger vorgestellt, mit sehr viel Zeit zum Lesen. Ich habe sogar ein paar angefangene Socken im Koffer, die ich fertig strikken wollte, wenn mich die Langeweile plagen sollte. Die Sokken sind bis heute nicht fertig.

Wir erreichen Ulan Ude kurz vor 17 Uhr, wir haben ab der russischen Grenze schon 285 Kilometer zurückgelegt. Die Sonne lacht vom Himmel bei angenehmen 26 Grad, die gleiche Temperatur hatten wir schon den ganzen Tag.

Die örtliche Reiseleiterin Dascha empfängt uns am Bahnhof, wir beginnen gleich mit einer Stadtrundfahrt.

Ulan Ude, die Hauptstadt Burjatiens, ist die asiatischste Stadt Sibiriens und das Zentrum des Buddhismus in Russland. Etwa ein Viertel der Bewohner gehört dem den Mongolen ähnlichen Volk der Burjaten an.

Bekannt ist die Stadt für ihr monumentales Lenindenkmal, den größten Lenin-Kopf der Welt. Aufgrund der überwiegend asiatischen Einwohner der Stadt trägt auch das fünf Meter hohe Monument asiatische Gesichtszüge. Die Statue stand ursprünglich 1971 am Russischen Pavillon auf der EXPO in Kanada, der Körper ist verschollen.

Beim Bummel durch die Fußgängerzone finden wir im historischen Stadtzentrum noch viele alte Kaufmannshäuser aus Stein und Holz. Der Ort liegt an der »Alten Teestraße«, einem Handelsweg nach China. An allen möglichen Plätzen in der Fußgängerzone sind Lautsprecher aufgebaut, aus ihnen dröhnt ununterbrochen schrille Musik, durchsetzt von lautstarken Werbetexten, jedenfalls erklärt man uns, das seien Werbetexte. Sie ersetzten die sonst allgegenwärtigen Plakate.

Im Konzertsaal einer Musikschule wartet eine besondere Überraschung auf uns. In einem etwa einstündigen Konzert hören wir Solistinnen der burjatischen Staatsoper im Wechsel mit hervorragenden Pianisten und einer Ballettgruppe. Zwischen den einzelnen Darbietungen zeigen uns Models einer burjatischen Modeagentur elegante, europäische Kleidung und stilisierte, burjatische Volkstrachten.

Wir nutzen die Unterbrechung der Stadtrundfahrt, um schnell noch die Toilette aufzusuchen, bevor unsere Besichtigungstour weitergeht. Die Toiletten in diesem etwas betagten Theater sind in einem miserablen Zustand, bei einer fehlt komplett die Türe. Frau Groß hat ein großes Seidentuch in der Handtasche und verhängt damit die Türöffnung, während ich die Toilette benutze. Als sie dann an der Reihe ist und ich das Tuch vor die Türöffnung halte, braucht sie etwas lange. Auf meine Frage, ob sie endlich fertig sei, kommt ihre Antwort: »Es dauert noch, ich habe heute meine Windel an«. Wir haben uns zwar mittlerweile an die »französischen« Toiletten gewöhnt, bisher hatten sie aber wenigstens eine Tür, wenn sie auch nicht immer abschließbar war. Dass in den meisten Toiletten kein Toilettenpapier vorzufinden ist, daran haben wir uns auch längst gewöhnt und ausreichend Papiertaschentücher und Feuchttücher in der Handtasche. Auch im Zug haben wir uns an die bescheidenen sanitären Verhältnisse gewöhnt. Steckdosen befinden sich nur auf dem Flur. Will man etwa Haare waschen, kann man sie nur auf dem Flur trocken föhnen. Genau das Gleiche gilt für den Rasierapparat, der funktioniert ebenfalls nur auf dem Flur. Rudi hat bereits ab Ulan Bataar das tägliche Rasieren aufgegeben und lässt sich einen Vollbart wachsen. Sieht ziemlich abenteuerlich aus bei seinen grauen Haaren. Er meint aber, das sei für ihn sehr bequem und praktisch.

Am Baikalsee

In der Nacht regnete es stark, am Morgen ist der Himmel bedeckt, ab und zu regnet es immer noch. In der Nacht und am Vormittag fuhren wir fast 500 Kilometer, bevor wir gegen Mittag am Baikalsee ankommen. Wir erreichen Port Baikal um 11.30 Uhr und erkunden den See bei einer einstündigen Bootsfahrt – eine willkommene Abwechslung. Der Baikalsee ist der tiefste (1.637 m) und älteste (mehr als 25 Mio. Jahre) Süßwassersee der Erde, 336 Flüsse ergießen sich in seine Weiten und er entwässert über einen einzigen Abfluss, die Angara, die nordwärts ins Polarmeer fließt. Er speichert etwa 20 Prozent der Süßwasserreserven der Erde und ist das einzige offene Trinkwassergebiet der Welt. Das Wasser des Sees ist außergewöhnlich rein und klar, was auf eine im See lebende, endemische Krebsart namens Epischura, zurückzuführen ist. Sie hält das Wasser sauber. Alle Versuche, diese Krebse auch in anderen Seen anzusiedeln, sind bisher fehlgeschlagen.

Ab Ende Oktober friert der See allmählich zu, die Dicke des Eises schwankt Anfang Januar zwischen 70 und 110 cm, sodass man den See im Winter auch mit dem Auto überqueren kann. Auf dem Eis entsteht dann rasch ein geregelter Straßenverkehr mit Parkverbotsschildern und markierten Fahrbahnen. Unvorstellbar, wenn man Ende August diese riesige Wasserfläche überblickt.

Für Gerhard wird heute ein besonderer Traum wahr. Er hatte sich schon als Kind gewünscht, einmal in seinem Leben den Baikalsee zu sehen, nun hat sich dieser lang gehegte Wunsch tatsächlich erfüllt.

Olga kommt in unser Abteil und sagt uns, dass alle Zuginsassen, die gerne fotografieren möchten, zum Lokführer auf die Plattform kommen und etwa eine viertel Stunde lang dort bleiben können. Gerhard und Rudi sind sofort mit Begeisterung dabei und machen von dem überraschenden Angebot

Gebrauch. Ich erinnere meinen Mann daran, dass er, wenn er in diesem Tempo weiter fotografiert, wieder mit etwa tausend Fotos nach Hause kommt. Diese Situation hatten wir bereits bei verschiedenen Safaris in Afrika. Und genauso kommt es dann auch: Jeden dritten oder vierten Tag wird der Akku gewechselt und entweder im Flur oder im Hotel aufgeladen. Zum Glück kann man bei digitalen Fotos gut aussortieren und löschen. Kürzlich las ich in einem nicht ganz ernst gemeinten »*Touristengebet*«: »Lieber Gott, wenn wir am Ende unserer Reise zu unseren Lieben zurückkehren, hilf uns, jemanden zu finden, der sich geduldig unsere Fotos anschaut und aufmerksam unseren Erzählungen lauscht«, dieser Spruch fällt mir spontan ein.

Beim Mittagessen im Zug haben wir Frau Groß vermisst, sie hat auf das Essen verzichtet. Wir machen uns Sorgen, ob es ihr auch nicht gut geht?

Die gemächliche Fahrt entlang der alten Trasse des Sees führt über 84 Kilometer am Steilufer durch 39 Tunnel und über zahlreiche Brücken von Port Baikal bis Maritij, ein einmaliges Erlebnis, das wir so schnell nicht vergessen werden. Der Himmel ist bewölkt, die Sicht ist aber trotzdem gut. Ab und zu sieht man einzelne Campingzelte, aus denen Leute kriechen, daneben kleine Picknickplätze. Einzelne Holzhäuser stehen direkt am See, eine Frau im lila Nachthemd geht gerade über den Hof.

Der Zug hält für einen kurzen Stopp bei einem Dorf mit dem lustigen Namen »*KM 110*«. Hier haben wir die Möglichkeit, an einer seichten Sandbucht im See zu baden.

Überraschenderweise gibt es so gut wie keine Mücken, die Mückenzeit endet bereits im Juli, sagt Olga. Die kleinen Plagegeister scheinen sich auch tatsächlich daran zu halten. Das Wetter stabilisiert sich im Laufe des Tages, es ist richtig warm geworden und die Sonne steht inzwischen am Himmel. Besonders Mutige wagen sich ins Wasser bei einer Temperatur von etwas über 10 Grad, Wolfgang befindet sich auch unter ihnen. Er ist ganz begeistert, die Temperatur war gut zu ertragen und er hatte sich dieses Bad ausdrücklich vorgenommen, sagt er. Gerhard und Rudi begnügen sich damit, in ein kleines Fläschchen eine Wasserprobe abzufüllen, die sie zu Hause auf ihre Beschaffenheit untersuchen lassen wollen. Mir reicht ebenfalls das Zuschauen und ich genieße den herrlichen Blick auf den See, das Wasser ist mir entschieden zu kalt.

Es bleibt noch etwas Zeit, uns in dem kleinen Ort mit den wenigen, zum Teil halb verfallenen Häusern umzusehen, bevor wir uns pünktlich im Zug einfinden müssen, um die Fahrt nach Maritij fortzusetzen.

Bei Stopps während der Fahrt wird immer nur die Wagentür geöffnet, die dem Schaffnerabteil am nächsten liegt. Niemand darf ohne Erlaubnis des Schaffners an Bord, also auch keine Händler.

Es gibt kein besonderes Signal zur Abfahrt des Zuges, es werden lediglich zwei Bremsproben gemacht. Wenn es also zweimal laut zischt, ist es höchste Zeit zum Einsteigen.

Maritij ist der einzige Bahnhof auf dieser Strecke mit Ausweichgleisen. Bei einem Spaziergang durch den kleinen Ort können wir die wenigen noch erhaltenen Häuser besichtigen. Die Bewohner begrüßen uns mit Brot und Pinienschnaps, gegen einen Obolus von 1 Dollar darf man auch fotografieren. Seit die neue Bahnstrecke gebaut wurde und die alte Trasse nur noch von Touristenzügen und zweimal wöchentlich von einem Regionalzug benutzt wird, sind alle Arbeitsplätze hier verloren gegangen und die Bewohner weitgehend abgewandert. Von den ehemals 2.500 Einwohnern sind nur noch 30 im Ort geblieben, erzählt Oleg.

Ich schlendere auf den Schienen entlang Richtung unseres Zuges, da kommt mir Peter entgegen, der ein stilles Örtchen in der Natur sucht. Ihn hat es jetzt auch erwischt, der Magen rebelliert.

Was wir am Morgen noch nicht für möglich hielten, ist mittlerweile eingetreten. Das Wetter hat sich gebessert, es ist warm geworden und die Sonne scheint. Wir können wirklich am Baikalsee picknicken, wie ursprünglich geplant. Das Küchenpersonal des Zuges hat bereits das Essen vorbereitet und auf langen Tischen appetitlich angerichtet, die einfach entlang der Schienen aufgestellt wurden. Es gibt gegrillte Fleischspieße und verschiedene, leckere Salate, dazu Bier, Rot- und Weißwein und natürlich Wodka. Die Leute sitzen im Gras, auf Steinen, Baumstämmen und auf den Schienen. Ein paar Bänke sind auch aufgestellt für diejenigen, die Probleme haben, auf dem Boden zu sitzen. Eine Idylle mitten im Nirgendwo. Die Brüder Gerd und Claus sind als erste am Buffet, wer kann bei diesem verlockenden Angebot an köstlichen Speisen schon widerstehen. Täglich kommt die Ärztin zu Claus, untersucht ihn und misst seinen Blutdruck. Natürlich hat sie gemerkt, dass er trotz seiner Magen- und Darmbeschwerden Eis gegessen hat.

Frau Groß treffen wir auch beim Picknick wieder. Sie erzählt, dass es ihr mittags nicht gut ging und sie deshalb auf das Essen verzichtete. Sie fühlt sich aber schon wieder etwas besser und kann so am Picknick teilnehmen. Wäre auch schade gewesen, das zu verpassen.

Nach dem Essen spielt ein Musiker auf seinem Schifferklavier gesellige, sibirische Lieder, eine Touristin im langen Kleid singt und tanzt dazu, Touristen sitzen auf den Schienen und singen und wiegen sich zum Klang der Musik. Eine Kuh kommt auf den Schienen dahergetrabt und mischt sich unter die Gruppe. Eigentlich kitschig, aber wenn man dazwischen sitzt, einfach schön.

Beim Spaziergang entlang der Schienen tritt Gerd, der jüngere Bruder, zielsicher in eine frische Kuhflade. Sein Kommentar dazu: *»Ich habe sie auf mich zukommen sehen, konnte aber nicht mehr zurück.«*

Jetzt ist er damit beschäftigt, seinen rechten Schuh aus hellem Wildleder mit dem guten alten »Rei in der Tube«, das er sich aus dem nahe stehenden Zug geholt hat, wieder sauber zu bekommen. Freudestrahlend kommt er auf uns zu und zeigt uns seinen frisch gewaschenen Schuh, an dem keine Spur mehr von dem Malheur zu sehen ist.

Irkutsk – Hauptstadt Ostsibiriens

Wir haben uns schon vor 6 Uhr gewaschen und die Zähne geputzt – die Dusche wird erst um 6 Uhr in Betrieb genommen. Dank unserer neu erworbenen Technik geht das auch im Waschraum inzwischen ganz fix – oder wir sehen es einfach nicht mehr so eng. Unser Abteilschaffner Eugenio klopft Viertel nach 6 an unsere Tür, er sollte uns bereits um 6 Uhr wecken. Scheinbar war sein Kreuzworträtsel so spannend, dass er vergessen hat, auf die Uhr zu schauen. Die meiste Zeit des Tages und der Nacht sitzen Valentina und Eugenio abwechselnd oder auch zusammen in dem winzig kleinen Raum mit einem kleinen Tischchen und einer Bank. Es können gerade mal zwei Personen darin Platz finden, wenn sie eng zusammenrücken – da muss sich ein Ehepaar schon gut verstehen, um nicht permanent aneinanderzugeraten. Die meiste Zeit sitzen sie über einem Kreuzworträtsel, manchmal lesen sie auch. Zwischen unserem Abteil und diesem kleinen Aufenthaltsraum befindet sich noch ein winziger Raum, in dem ein Bett steht. Hier können sie abwechselnd schlafen. Die Beiden sorgen dafür, dass unsere Abteile und die Waschräume immer sauber sind. Während wir uns zum Frühstück im Speisewagen aufhalten, räumen sie das Bettzeug weg, während des Abendessens richten sie das Bett wieder zum Schlafen her. Die Fenster des Zuges im Abteil und im Flur sind verhängt mit bauschigen Brokatvorhängen, die natürlich den Blick auf die vorbeiziehende Landschaft verdekken. Jedes Mal, wenn ich ins Abteil komme, raffe ich die Gardinen weg und schlinge sie oben um die Stange, um freie Sicht zu haben, Valentina bringt sie aber sofort wieder in Ordnung, sobald wir das Abteil verlassen.

Das Frühstück soll schon um 7.30 Uhr eingenommen sein, weil der Zug bereits kurz vor acht Uhr in Irkutsk eintrifft. Der Himmel ist bedeckt, die Temperatur beträgt 14 Grad. Jedoch im Laufe des Tages kommt die Sonne hervor und das Thermometer klettert wieder auf angenehme 20 Grad – es ist also noch nicht allzu sibirisch.

Beim Frühstück ist Frau Groß wieder da, es geht ihr wieder gut, auch das Frühstück schmeckt ihr wieder. Sie zeigt uns ihre kleine Pillendose, die sie zu allen Mahlzeiten bei sich hat (darin befindet sich ihr Rentner-Konfekt). Wie jeden Morgen kommt unser Kellner vorbei und bietet uns verschiedene Speisen zum Frühstück an, darunter jeden Tag den obligatorischen *Kascha*, einen Brei aus Buchweizen. Er nennt ihn der Einfachheit halber nur kurz Brei. Wir schütteln lachend die Köpfe, denn das können wir am Morgen noch nicht essen. Frau Groß jedoch probiert ihn mutig einmal aus mit dem für sie typischen Kommentar: »Jugend forscht«, mischt dann etwas Obst darunter und verzichtet schließlich ebenfalls.

Der Bus bringt uns nach Listwjanka zum großen Freilichtmuseum Talzy, wo etliche hölzerne Architekturdenkmale wieder aufgebaut wurden, die wir nun alle besichtigen können. In einer umfangreichen Sammlung von Holzhäusern samt Einrichtung können wir die verschiedenen Epochen der Geschichte Sibiriens in den vergangenen Jahrhunderten bewundern. Wegen der Flutungen von Dörfern beim Bau von Staudämmen wurden sie in bedrohten Gebieten abgetragen und hier originalgetreu wieder aufgebaut. Anschließend besuchen wir den nahegelegen Markt. Die Händler sind gerade damit beschäftigt, den für den Baikalsee typischen Fisch, den Omul, kunstfertig an ihren Ständen aufzuschichten und zum Verkauf anzubieten. Sieht einfach köstlich aus und uns läuft das Wasser im Munde zusammen.

Einen kurzen Stopp legen wir noch ein am Ufer des Baikalsees an der Stelle, wo die Angara den See verlässt. In der Mitte des Flusses sieht man noch die Spitze des bekannten Schamanensteines. Die Sage erzählt von Angara, der wunderschönen Tochter des alten, graubärtigen Vaters Baikal. Während eine Vielzahl größerer und kleinerer Gebirgsflüsse in den See münden und ihm seinen Wasserreichtum zuführen – weswegen sie die Söhne des Baikal genannt werden –

entspringt nur die Angara aus dem See – und wird als seine Tochter angesehen. Der Vater liebt diese seine einzige Tochter abgöttisch, aber auch sehr egoistisch. Eines Tages erzählen Vögel der Angara von den Heldentaten des starken und mutigen Recken Jenissej (einem Strom im Norden Sibiriens) und die Tochter des Baikals entbrennt in heißer Liebe zu ihm. Als der Vater das bemerkt, sperrt er sie in ein Felsverlies. Doch es gelingt der Angara, sich daraus zu befreien und zu ihrem Geliebten zu fliehen. Als der Vater ihre Flucht bemerkt, tobt er vor Wut und wirft ihr einen großen Felsbrocken hinterher. Dieser Felsbrocken wird »Schamanenstein« genannt und seine Spitze ragt noch heute aus dem Fluss.

In Irkutsk stoßen die letzten 17 Reisegäste zu uns, darunter einige junge Leute, die von ihrem Reisebüro zu einer Informationsreise geschickt wurden, um die Reise kennen zu lernen. Ab jetzt ist die Gruppe komplett. Eine Dame aus Wien, die mit der Gruppe ankam, erzählte mir, dass sie in Moskau am Flughafen drei Stunden am Zoll in der Warteschlange standen, weil vor ihnen eine Gruppe aus Syrien eintraf, deren Abfertigung ungewöhnlich lange dauerte. Das hatte zur Folge, dass das Anschlussflugzeug bereits abgeflogen war und sie eine Nacht in Moskau verbringen mussten, ehe sie am nächsten Tag eine Maschine hierher erwischen konnten.

Wieder wird unsere Gruppe »pink« aufgeteilt, einige Gäste, darunter auch Wolfgang, der seit Ulan Bataar in unserer Gruppe ist, wechseln zur Gruppe »rosa«.

Die Reiseteilnehmer sind jetzt aufgeteilt in die Gruppen Lila, Pink, Grün, Gelb, Blau, Rot, Weiß, Silber und Gold, so farbenfroh und kunterbunt bleibt es auch bis Moskau.

In unserer Gruppe pink sind 19 Personen: drei Ehepaare aus Bayreuth, Frau Groß aus Bayreuth, ein Ehepaar aus Sachsen, zwei allein reisende Männer vom Bodensee, ein Ehepaar aus dem Stuttgarter Raum, eine alleinreisende Dame, die in Ulan Bataar zur Gruppe kam, Waltraud, Klaus, Gerhard, Rudi und ich. Leider gelingt es in dieser Gruppe nicht, eine gesellige Gemeinschaft aufzubauen, wie wir sie von der »Datong-Gruppe« her kannten. Mehr oder weniger geht jeder seinen eigenen Weg. Nur wir fünf sind noch beisammen und Frau Groß ist oft bei uns.

Irkutsk ist wohl eine der wichtigsten Städte Sibiriens, sie ist verkehrstechnisch günstig gelegen. Die Stadt ist ein Knotenpunkt der beiden Verkehrswege Transsib und Fluss Angara, welcher über den Baikalsee eine Verbindung zum Indischen Ozean herstellt. Dadurch war die Stadt schon früh Umschlagplatz für sibirische Pelze wie Zobel, Nerz und sogar von Eichhörnchen und von chinesischem Tee und chinesischer Seide. Aufgrund ihrer Lage wurde die Stadt auch »Fenster zum Osten« genannt.

Großen Einfluss auf die kulturelle Entwicklung der Stadt hatten die nach dem misslungenen Umsturz gegen den Zaren nach Sibirien verbannten Dekabristen. Am 26. Dezember 1825 (Dezember heißt russisch Dekabr – daher der Name Dekabristen) erhob sich eine Gruppe adeliger Offiziere gegen die Selbstherrschaft und den verschwenderischen Luxus des Hochadels mit dem Ziel, das Zarentum abzuschaffen. Dieser Aufstand wurde aber in kurzer Zeit von Zar Nikolaus I blutig niedergeschlagen. 1.271 Menschen wurden getötet, darunter 903 Soldaten. Die fünf Anführer wurden hingerichtet und 120 Dekabristen verurteilte der Zar zur Strafarbeit und Verbannung nach Sibirien. Die meisten von ihnen kamen hierher nach Irkutsk und mussten die ersten Jahre in ihrer neuen Heimat zwangsarbeiten. Da es sich bei den Dekabristen überwiegend um ausgebildete Wissenschaftler handelte, begannen sie rasch, die Region zu erforschen. Mehrere Monate hielten sich hier auch die Frauen einiger Dekabristen auf, die ihren Männern freiwillig in die Verbannung folgten. Nach der Entlassung aus den Straflagern konnten sich die Dekabristen in den Dörfern um Irkutsk ansiedeln und ein mehr oder weniger normales Leben zu führen. Man verbannte sie, um sie in Vergessenheit geraten zu lassen, sie jedoch brachten Bildung und Kultur in die entferntesten Gegenden Sibiriens. Im Kloster »Maria Erscheinung« wurden innerhalb der Kircheneinfriedung einige dieser Dekabristen beigesetzt, ihr Gräber kann man heute noch besuchen.

Bei der Stadtrundfahrt fahren wir vorbei an wunderschönen Holzhäusern, die aufwändig renoviert sind, ihnen gegenüber befinden sich riesige, verkommene, verwohnte Plattenbauten – größer könnte der Kontrast kaum sein.

Wir sehen das prächtige Dramentheater und das neue Zarendenkmal. Die meisten dieser Denkmäler wurden erst nach der Wende errichtet.

Beim Abendessen im Hotel Intourist treffen wir Karin, Peter und die Brüder Claus und Gerd, wir verabreden uns zu einem späteren, gemeinsamen Barbesuch. Das Abendessen findet in einem riesigen Saal statt, das Essen ist in Form eines Selbstbedienungs-Buffets aufgebaut mit klebrigen Plastiktabletts. Die unfreundliche Bedienung schubst die Gäste zur Seite, um Speisen nachzulegen. Alle Viertelstunde wird eine Gruppe aufs Buffet losgelassen, damit das Gedränge bei 200 Personen nicht zu groß wird. Dieses Abendessen zählt sicher nicht zu den Highlights der Reise, aber wie hieß es noch im Bordbuch: keine Luxusreise, immer dran denken!

Die Tür zur Bar ist mit einem Fahrradschloss versperrt, der Barkellner muss nämlich im Speisesaal beim Abräumen helfen und kann deshalb die Bar erst öffnen, wenn er mit der Arbeit im Speisesaal fertig ist, sagt er uns. Nicht unbedingt clever organisiert. Jedenfalls nicht, wenn man Wert auf Gäste in der Bar legt. Aber diesmal nehmen wir den Kampf gegen die örtliche Logik auf und erringen einen Sieg: Auf unser energisches Nachfragen wird von der Reiseleitung die Tür tatsächlich geöffnet und endlich kann die Gruppe Datong wieder einmal zusammensitzen und Erinnerungen bei einem kühlen Bier auffrischen. Gerd bekommt sein Bier in einem Glas der Brauerei »Krombacher Pils« serviert, was natürlich ein Anlass für Heiterkeit und heimatliche Gefühle ist. Es kommen noch die Freunde von Karin und Peter, Marliese und Volker dazu. Volker hat seine Mails abgerufen und kommt deshalb etwas später. Auf Karins Frage, ob zu Hause alles in Ordnung sei, kommt spontan seine Antwort: »Alles ist in Ordnung, nur eine Tante ist gestorben«. Später trifft auch Wolfgang zur Gruppe. Er ist zwar kein Datong-Mitglied, wird aber trotzdem gerne in die Runde aufgenommen und fühlt sich bei uns sehr wohl. Der Barkellner, der nicht besonders motiviert ist, bringt natürlich eine Gesamtrechnung für alle am Tisch servierten Getränke, die Aufteilung ist ihm zu mühevoll. Nun ist Oberamtsrat a.D. Claus gefordert, ihm wird die Aufgabe übertragen, von jedem Einzelnen den entsprechenden Betrag abzukassieren.

Idylle im Dorf »KM 110« am Baikalsee

Eingang zu einem der verbliebenen Häuser

Wasserprobe statt Baden
am Baikalsee

Picknick an der Bahnstrecke

Lebensmittelgeschäft
in Listwjanka

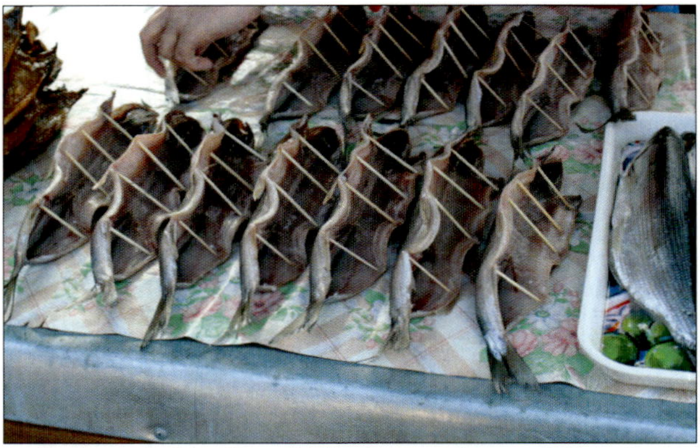

Aufgespießte Omul-Fische warten auf Kunden

Aufwändig renovierte Holzhäuser in Irkutsk

Gegenüber verkommene Plattenbauten

Kaviarprobe im Speisewaggon unseres Zuges

Hotelstop während der Stadtrundfahrt in Novosibirsk

Verkaufsstand in der Markthalle von Novosibirsk

Herrlicher Sonnenaufgang, vom Abteil aus beobachtet

Praktische Einsteigehilfe,
wenn der Bahnsteig zu kurz war

Metro-Station Komsomolskaja in Moskau

Kaufhaus GUM bei Nacht

Basilius-Kathedrale auf dem »Roten Platz«

Rudi und Gerhard
verabschieden sich in Moskau

Grab von Nikita Chrustschow

Restauratorin bei der Arbeit
im Katharinenpalast

Matrjoschkas

Vor dem Katharinenpalast in St. Petersburg

Gemütliches Abschiedsessen in St. Petersburg

An Bord des Sonderzuges westwärts durch Sibirien

Schon um 5.30 Uhr werden wir im Hotel geweckt, der telefonische Weckruf ist bereits zwei Zimmer vorher und zwei Zimmer weiter zu hören. Wir gehen ohne Frühstück direkt zu unserem Zug, der allerdings nicht auf dem vorgesehenen Gleis zu finden ist. Wir entdeckten ihn zwei Bahnsteige weiter, hasten mit unserem Gepäck wieder die Treppe hinunter und zum richtigen Gleis. Solche Pannen sind auf dieser Reise keine Seltenheit, sondern die Regel. Aber wir sind ja flexibel und nehmen es mit Gelassenheit – und im Bordbuch steht: Genau!

Zum Frühstücken befinden wir uns wieder in unserem Zug. Frau Groß ist erkältet, uns dreien geht es immer noch gut – dem Wodka sei dank. Den Vortrag über das Bordradio zum Thema »Die Eroberer Sibiriens« hören wir leider nicht zu Ende, wir sind alle müde, die Augen fallen uns zu. Deshalb versäume ich auch um 11 Uhr den Russischkurs – leider. Als Wolfgang vom Speisesaal zurückkommt, in dem der Kurs stattfand und an unserer Kabine vorbeigeht, erinnere ich mich wieder daran. Wir lassen die Türe zu unserem Abteil tagsüber immer offen, das Abteil ist ziemlich eng. So hat man ständig auch mit den übrigen Mitreisenden Kontakt und die Gelegenheit zu einem kürzeren oder längeren Schwatz.

Bei einem kurzen Stopp können wir uns auf dem Bahnsteig die Beine vertreten. Waltraud als aktive Raucherin nutzt natürlich diese Gelegenheit, ihr Mann Klaus schläft noch. Wolfgang, der gerade vom Russischkurs kommt, hat in der Eile des Aufbruches seinen Pullover rückwärts angezogen. Er erzählt uns, er habe eine strenge Lehrerin und sei jetzt noch ganz aufgeregt. Er habe auch ziemlich viele Hausaufgaben auf und muss noch fleißig lernen.

Wie ständig auf der Bahnstrecke zu beobachten ist, stehen und fahren wieder kilometerlange Güterzüge auf den Gleisen. Wolfgang, als Bediensteter der Bahn, freut sich riesig. Er hat noch nie in seinem Leben so viele Güterzüge gesehen wie während dieser Reise, sagt er.

Gerhard hat außer dem Russischkurs auch den Stopp verschlafen. Rudi geht ein Stück entlang des Bahnsteiges und trifft Peter, der im Waggon vier wohnt und kommt mit der neuesten Nachricht zurück: Claus hat wieder massive Magen- und Darmprobleme. Kein Wunder, wie der beim Picknick zugeschlagen hat.

Weiter führt die rasante Fahrt wieder durch die endlose Taiga. Zu beiden Seiten sehen wir Steppe, Birken- und Kiefernwald, vereinzelt Getreidefelder und einzelne Holzhäuser.

Ab und zu entdecken wir riesige Friedhöfe auf dem freien Feld oder im Wald, die üppig geschmückt sind mit bunten Kunststoffblumen. Jede Grabstätte umgibt ein kleiner Zaun, darin befindet sich eine kleine Bank. Die Familien treffen sich hier an bestimmten Tagen, bringen Speisen und Getränke mit und veranstalten ein gemeinsames Picknick. Ein schöner Brauch.

Bei jedem Bahnhof, durch den wir fahren, steht der Vorsteher in strammer Haltung mit der Kelle vor der Brust, bis der Zug vorbeigefahren ist.

Nachmittags findet im Speisewaggon eine Wodka- und Kaviarprobe statt. Wodka heißt übersetzt »Wässerchen«, wird aus Weizen gebrannt und hat max. 40 % Alkohol – oder so. Wodka ist nach dem Tee das bekannteste und beliebteste Getränk der Russen. Olga sagt, Wodka trinkt man niemals alleine, zu Wodka soll man immer eine Kleinigkeit essen und nie ohne Trinkspruch einen Wodka trinken. Nasdarowje!

Frau Groß, die wieder mit an unserm Tisch sitzt, mag weder Kaviar noch Wodka. Natürlich lässt sie sich jedes Mal das Glas voll schenken und verteilt ihre Portionen an Rudi und Gerhard, den Teller mit Kaviar gibt sie an mich weiter. So sind wir alle gut versorgt und bester Dinge.

Im Laufe des Tages wird es wieder ziemlich warm, am Abend jedoch ziehen Wolken auf und es fängt leicht an zu regnen.

Klaus kommt nicht zum Abendessen, es geht ihm wieder nicht gut. Wieder überfahren wir in der Nacht zwei Zeitzonen und müssen vor dem Schlafengehen die Uhren um zwei Stunden zurückstellen.

Novosibirsk – Hauptstadt Sibiriens

Bereits um 5 Uhr bin ich hellwach (die Zeitverschiebung). Wieder führt die Fahrt durch die Taiga, zwischen riesigen Sumpfgebieten befinden sich ausgedehnte Birken- und Kiefernwälder, die hier bereits eine leichte Herbstfärbung zeigen. Der Wald ist lichter geworden, dazwischen sehen wir große Wiesenflächen und kleine Holzhaus-Siedlungen. Auf den Wiesen stehen Heuhaufen, die Heuernte ist in vollem Gange. Die Jahreszeiten in Sibirien haben ihren eigenen Rhythmus. Unsere Reiseleiterin Olga erklärt uns: Winter mit Temperaturen bis minus 40 Grad sei von Oktober bis Mai, Frühling im Juni, im Juli ist kurzer Sommer mit Temperaturen bis 40 Grad und ab August beginnt bereits wieder der Herbst. Heute ist wieder blauer Himmel mit Sonnenschein, es ist ziemlich warm.

Der Chef des Reiseveranstalters ist unterwegs in unseren Zug zugestiegen und meldet sich über das Bordradio. Er fährt in jedem Jahr dreimal auf der Strecke mit einem Zug mit, das hat er in den 20 Jahren, in denen er diese Firma führt, bereits 90 bis 100-mal gemacht. Er erzählt in seiner amüsanten, lockeren Art einige Anekdoten aus seinen vielen Erfahrungen und Erlebnissen bei diesen Reisen. So wurde einmal eine Lok geklaut – wie klaut man eine Lok, ohne dass es jemand merkt? – und, nachdem er bei der russischen Botschaft energisch protestierte, wurden gleichzeitig sechs Lokomotiven wieder zum Standort des Zuges geschickt. Während der Zeit, in der er in Moskau ein Reisebüro leitete und Tickets verkaufte, die alle bar bezahlt werden mussten, wurde über Nacht der 100-Rubel-Schein ungültig. Seine Angestellten erfuhren davon, packten die Scheine in Säcke, luden sie in alle zur Verfügung stehenden Fahrzeuge und überfuhren damit sämtliche rote Ampeln. Die Strafe für das Überfahren einer Ampel waren 5 Rubel, sie bezahlten mit einem 100-Rubel-

Schein und bekamen das Wechselgeld in gültigen Scheinen zurück. So konnten sie von dem Firmen-Kassenbestand das meiste Geld retten.

Der Reiseveranstalter stellt fest, dass die Handtücher noch nicht gewechselt wurden und lässt das sofort nachholen. Außerdem findet er, dass das Frühstücksangebot nicht reichlich genug sei, er wolle am Nachmittag auf dem Markt in Novosibirsk das Obst-, Wurst- und Käseangebot ergänzen. Eigentlich vermissten wir bisher nichts und empfanden das Angebot im Speisewagen als ausreichend, abwechslungsreich und schmackhaft. Das Frühstück besteht aus Marmelade, Butter, Brot, Käse Schinken, Omelette, Saft, Tee und Kaffee. Zum Mittagessen bekommen wir Speisen serviert mit den romantischen Namen wie zum Beispiel: Salat »Russische Schönheit«, Ukrainischen Borschtsch, Schweinemedaillons »Angara«, Dessert, Tee und Kaffee.

Gegen 15.00 Uhr treffen wir am Bahnhof in Novosibirsk ein. Das riesige Gebäude gilt als das größte Bahnhofsgebäude in Sibirien und wurde in Form einer Lokomotive gebaut, im Innenraum gleicht es einem Konzertsaal. Der örtliche Reiseleiter Oleg empfängt uns am Bahnsteig. Hier wartet eine besondere Überraschung auf uns. Eine Folkloregruppe empfängt uns mit Brot und Salz und führt uns traditionelle Tänze vor. Natürlich werden auch die Gäste mit in die Tanzvorführungen einbezogen.

Eine Dame aus unserer Gruppe hat Zahnprobleme, Olga fährt mit ihr zur Zahnklinik, um das Problem zu lösen. Tatsächlich treffen sie bereits nach kurzer Zeit wieder zur Gruppe, der Schaden ist behoben. Obwohl die Fahrt keine Luxusreise ist, kümmern sich unsere Begleiter wirklich wunderbar um jeden einzelnen Reiseteilnehmer.

Bei der anschließenden Stadtrundfahrt zeigt uns Oleg die Stelle, an der die Stadt vor ungefähr 140 Jahren gegründet wurde. Novosibirsk heißt »neue Stadt in Sibirien«. Man suchte die schmalste Stelle des Flusses Ob, um eine 800 Meter lange Brücke für die Bahntrasse zu bauen. Ein Teilstück der Originalbrücke steht heute noch am alten Platz als

Erinnerung, eine neue, doppelgleisige Brücke wurde mittlerweile gebaut. Dieser Ort der Stadtgründung ist auch ein beliebter Platz, an dem sich gerne Brautpaare mit riesigen Stretch-Limousinen fotografieren lassen, es wimmelt nur so von frisch vermählten Paaren. Das gleiche Ritual kann man übrigens an allen markanten Plätzen in den verschiedensten Städten beobachten.

Nach der Stadtgründung erlebte der Flecken eine turbulente Entwicklung. Da der Ort an einem günstigen Verkehrsknoten lag, siedelten sich schnell Banken, Industrie und Handel an. In den folgenden 10 Jahren verdreifachte sich die Einwohnerzahl. Mitte der Sechzigerjahre wurde bereits die Millionengrenze überschritten.

Als weitere Sehenswürdigkeit sehen wir eine kleine Kapelle, die die Novosibirsker als das Zentrum des russischen Zarenreiches sehen. Die Stadt kann zahlreiche Zeugnisse des sozialistischen Klassizismus vorweisen, so zum Beispiel das gewaltige Opernhaus, das als das größte der Welt gilt, mit der auf dem Vorplatz aufgestellten riesigen Lenin-Statue, erzählt uns Oleg.

Oleg sagt auch, dass Novosibirsk eine preiswerte Gelegenheit zum Kauf von Wodka und Kaviar sei. Auf Wunsch verschiedener Reiseteilnehmer halten wir an einer kleinen Wechselstube neben der deutschen Botschaft, um vorher noch einmal Euro in Rubel umzuwechseln, denn in den Geschäften und auf dem Markt kann man nur mit Rubel bezahlen.

Im Supermarkt ist er uns anschließend behilflich, eine gute Flasche Wodka aus einem Angebot von etwa 100 Sorten auszusuchen. Wir denken hier auch an unsere Freunde Karin und Manfred, die leider in letzter Minute die Reise absagen mussten und erstehen auch für sie eine besonders gute Flasche, die wir ihnen als Andenken mitbringen wollen. Natürlich empfiehlt uns Oleg eine Marke, die mit Wasser aus dem Altaigebirge hergestellt ist. Das Altaigebirge ist seine Heimat, dort wohnen seine Eltern. Nach der Wende hatten sie die Möglichkeit, ihre Mietwohnung zu einem geringen Preis käuflich zu erwerben. Oleg erzählt uns, ein Durchschnittsbürger in Sibirien verdiene umgerechnet monatlich ungefähr 300 Euro, die Lebenshaltungskosten seien allerdings fast genau so hoch wie in Deutschland. Aus diesem Grund besitzen viele Leute eine kleine Datscha auf dem Land, zu der sie am Wochenende sehr günstig mit öffentlichen Verkehrsmitteln fahren können. Sie pflanzen Obst und Gemüse an, das sie auch für den Winter konservieren, um so die Lebenshaltungskosten niedriger zu halten. Ungefähr 80 Prozent der Bevölkerung Sibiriens leben entlang der Transibstrecke, der Rest verteilt sich im Landesinneren.

An den Ufern des Ob-Stausees, 30 Kilometer südlich vom Stadtzentrum entfernt, wurde 1957 Akademgorodok, die Stadt der Wissenschaft, errichtet und wurde Zentrum der russischen Hochtechnologie. Dort entstanden innerhalb kürzester Zeit 14 Forschungseinrichtungen und Universitäten, quasi eine eigene Stadt.

Bei einem kurzen Hotelstopp während der Stadtrundfahrt können wir die Toilette benutzen und ein kühles Bier trinken. Hier habe ich wieder einmal die seltene Gelegenheit, den Internetraum aufzusuchen. Heute ist der Geburtstag von Konrad, dem Opa unserer Schwiegertochter und ich will ihm eine Glückwunsch-Mail schicken. Vor Betreten des Interneraumes muss ich an der Rezeption meinen Reisepass abgeben, er wird kopiert, wozu, weiß ich nicht. Die Dame am Empfang spricht fließend deutsch, die Mail kostete 60 Rubel (höchstens 10 Minuten) und kam niemals an, wie ich später erfahre. Aber egal, der Wille zählt.

Anschließend besuchen wir den turbulenten Markt mit einer riesigen Verkaufshalle. Hier gibt es ein unglaubliches Angebot an frischem Obst, Gemüse und Fleisch zu bestaunen. Wir interessieren uns natürlich hauptsächlich für die Fischstände. Es wird überwiegend roter Kaviar vom Lachs angeboten, der Verkauf des schwarzen Kaviars vom Stör ist stark eingeschränkt, weil der Stör unter Naturschutz steht. Wir finden das sinnvoll und begnügen uns mit drei Dosen rotem Kaviar, den wir für 170 Rubel je Dose erstehen.

Anschließend fahren wir eine Stunde mit dem Boot auf dem Ob, einem der größten Ströme Sibiriens und können an beiden Uferseiten zahlreiche Angler beobachten. Oleg erzählt uns, im Winter, wenn der Ob dick zugefroren sei, ist das Eisangeln ein besonders beliebter Sport, man kann die Eisfischer zu hunderten auf den zugefrorenen Strom beobachten. Unsere Überraschung ist riesengroß, als just in dem Augenblick, als wir uns der legendären Eisenbahnbrücke nähern, die Transsib in rasantem Tempo über dieselbe Richtung Baikal rattert und wir die Möglichkeit haben, den sagenumwobenen Zug dabei einmal zu beobachten.

Nach dem Abendessen im Restaurant kommen wir gegen 22 Uhr wieder zurück zum Zug und setzen unsere Reise fort. Der Speisewagen ist leider schon geschlossen, also erzählen wir im Abteil von Waltraud und Klaus noch ein bisschen von den Ereignissen des Tages. Wieder stellen wir die Uhr um eine Stunde zurück. Wir werden noch zu echten »Zeitreisenden«.

Irgendwann in der Nacht erreichen wir Omsk, wo sich die Transsib-Strecke teilt. Eine Route führt weiter nach Jekaterinburg, eine andere verläuft etwas südlicher und führt durch Tscheljabinsk, ehe sich beide in Moskau wieder vereinen. Unser Zug nimmt die Strecke Richtung Jekaterinburg. Deshalb werden wir leider die Stadt Tscheljabinsk, in der mein Schwiegervater vom 22. November 1945 bis zur Entlassung am 2. November 1947 in einem Kriegsgefangenenlager verbringen musste, leider nicht sehen. Wir versuchen, uns vorzustellen, wie er in den eisigen Wintern bei bis zu 40 Grad Kälte und Schneestürmen von Mitte September bis Ende April die Eisenbahnschienen von Schnee freischaufeln musste – und das bei Hungerrationen.

Jekaterinburg – Hauptstadt des Ural

Frühmorgens können wir einen herrlichen Sonnenaufgang vom Abteil aus beobachten. Heute gelingt es uns sogar, die Dusche zu benutzen. Es trägt sich jetzt niemand mehr in die ausgehängte Liste ein, deshalb können alle duschen, wenn gerade frei ist. Wenn nicht, kann man ja einen Moment warten und so hat jeder die Möglichkeit, auch an die Reihe zu kommen.

Wir sind natürlich gespannt, wie das Frühstücksangebot aussehen wird. Wir trauen unseren Augen nicht, der Kellner bringt die gleiche Wurst und den gleichen Käse wie an den Tagen zuvor. Wir dachten, der große Boss war nicht zufrieden? Statt Omelette gibt es allerdings gebackene Quarkplätzchen, die keinem von uns so recht schmecken wollen. Frau Groß, die etwas später an den Frühstückstisch kommt, macht sich zu unserer Überraschung nach ihrem bekannten Motto: »Jugend forscht« über das Plätzchen her. Es schmeckt ihr allerdings so gut, dass sie sich noch ein zweites bringen lässt.

In ihrer schelmischen Art sagt sie der Kellnerin jeden Tag, dass sie sehr schöne Beine habe. Diese wird täglich aufs Neue verlegen, nimmt es aber trotzdem mit Humor.

Reiseleiter Bernd entschuldigt sich später über das Bordradio dafür, dass der Küchenchef die Anweisungen des Veranstalters nicht befolgt hat und will selber dafür sorgen, dass am nächsten Tag das Frühstücksangebot erweitert wird, notfalls will er die Wurst- und Käseplatten selber belegen. Wir sind gespannt.

Am Nebentisch sitzt Wolfgang, der nicht nur zahlreiche Ansichtskarten schreibt, sondern auch leidenschaftlich gerne fotografiert, mit Vorliebe seine Tischnachbarn. Während wir mit dem Stadtrundgang in Irkutsk beschäftigt waren, suchte er wieder einmal einen Fotoshop auf und ließ seine Schnappschüsse entwickeln. Er verteilt sie an uns, was zur Folge hat, dass wir uns schon nach dem Frühstück vor Lachen kugeln. Später, um die Mittagszeit, schlendert er durch den Zug und findet zu seiner Überraschung die Türe zum Duschraum in unserem Waggon offen, was bedeutet, dass sie im Moment von niemandem benutzt wird. Spontan entschließt er sich dazu, diese seltene Gelegenheit sofort zu nutzen – allerdings hat er kein Handtuch bei sich. Aber was soll's – er kann ja auf dem Weg zu seinem Abteil lufttrocknen. Da er auf dem Weg vom Duschraum zu seinem Waggon Nummer 13 an unserer offenen Abteiltüre vorbeikommt, können wir uns gemeinsam über sein Tun amüsieren.

Die vorbeiziehende Landschaft hat sich leicht verändert, die bewaldete Taiga ist in eine ebene Steppe übergegangen mit vielen Seen und Sümpfen, dazwischen etliche Birkengruppen.

In der Öl- und Gasstadt Tjumen hält unser Zug wieder für kurze Zeit, in der wir auf dem Bahnsteig ein paar Schritte gehen. Zum ersten Mal sehe ich eine ältere Frau, die gerne Souvenirs verkaufen will. Sie zeigt mir wunderschöne, bemalte Porzellaneier, die mir sehr gut gefallen und die ich auch gerne kaufen will. Gerhard kommt dazu und interessiert sich ebenfalls dafür. Unsere Zugschaffnerin Valentina fordert uns jedoch ganz energisch auf, schnell den Zug zu besteigen, denn er fährt ohne jedes Signal weiter. Es gelingt uns aber, vom Trittbrett aus der Frau das Geld zu geben und ihr, uns die Eier zu reichen.

In der Stadt Jekaterinburg treffen wir um 17 Uhr ein. Unser Zug ist für den Bahnsteig in den meisten Bahnhöfen zu lang und da unser Waggon am Anfang des Zuges der zweite Waggon ist, haben wir leider Pech. Das Zugbegleiter-Ehepaar Valentina und Eugenio jedoch weiß eine Lösung: Es ist immer ein Metalleimer zur Hand, den sie umgestülpt auf den Boden stellen, damit wir bequem aus- und einsteigen können. Der Bahnhof in Jekaterinburg ist wunderschön renoviert, wie alle Bahnhöfe auf der gesamten Strecke. Im prunkvoll ausgestatteten Wartesaal beeindrucken uns die prächtigen Deckengemälde und die gigantischen Kronleuchter.

Im Bahnhof und auf dem riesigen Vorplatz tummeln sich dicht gedrängt unzählige Menschen, die von oder zu den Zügen hasten und bepackt sind, entweder mit riesigen, karierten Plastiktaschen oder Plastikeimern mit Deckeln. Was sie wohl in den Eimern transportieren?

Mir fallen die vielen, sehr modisch gekleideten jungen Mädchen und Frauen auf, die in supermodernen Schuhen mit bleistiftdünnen, extrem hohen Absätzen über das holprige Pflaster oder über die unebenen, löchrigen Asphaltstraßen stelzen. Viele junge Leute laufen mit der Alkoholflasche in der Hand durch die Straßen und über die Plätze. Überall liegen oder stehen leere Sekt- und Bierflaschen. Über die Stadt an sich sind wir sehr erstaunt. Es ist außer den Schnapsflaschen nirgends Müll oder Abfall zu sehen.

Überall stehen Kräne an unzähligen Baustellen, die meisten Plätze und Denkmäler sind oder werden nach der Wende renoviert oder neu gestaltet.

Wir starteten gleich zu einer Stadtrundfahrt. Jekaterinburg ist die viertgrößte Stadt und eine wichtige Industrie- und Universitätsstadt, sie wurde 1723 von Peter dem Großen gegründet. Die bekannteste Sehenswürdigkeit der Stadt und mittlerweile ein Wallfahrtsort für Anhänger des russischen Zarentums ist die »Erlöser-Kathedrale auf dem Blut«. Sie wurde an der Stelle errichtet, wo der letzte russische Zar Nikolaus II mit seiner gesamten Familie am 17. Juli 1918 von den Bolschewisten erschossen wurde.

Das Zirkusgebäude aus den 80er-Jahren und die prächtige Oper vom Anfang des 20. Jahrhunderts sind nur einige der architektonisch bedeutenden Vielzahl von Gebäuden.

Bereits um 20 Uhr setzte sich unser Zug wieder in Bewegung Richtung Ural. Wir stellen die Uhr abermals um zwei Stunden zurück und haben nun die Moskauer Zeitzone erreicht. Nach dem Abendessen trinken wir mit Waltraud und Klaus im Speisewaggon noch ein Bier und reden über die Ereignisse und Eindrücke des Tages. Später kommen noch Karin und Peter dazu. So lassen wir den Abend gemütlich ausklingen.

Irgendwann in der Nacht durchfahren wir die südlichen Ausläufer des Ural, der die Grenze zwischen Europa und Asien bildet. Etwa die Hälfte aller Erze und Mineralien, die man überhaupt auf der ganzen Welt kennt, kommen hier vor.

Kasan – Tatarenhauptstadt

Durch die Zeitumstellung sind wir wieder sehr früh wach, in der Nacht fuhren wir 865 km.

Die vorbeiziehende Landschaft hat sich erneut verändert. Riesige Getreidefelder und Wiesen mit weidenden Kühen sind jetzt zu sehen, dazwischen wieder die bekannten Holzhäuser, jedoch auch schon viele neu erbaute Wohnhäuser, zum Teil aus Steinen gemauert. Überall liegen umgestürzte oder abgeknickte Bäume, in den letzten Tagen muss hier ein schwerer Sturm gewütet haben.

Wir erreichen die Stadt Kasan etwa um 10.30 Uhr und beginnen gleich mit einer Rundfahrt. Kasan ist die Hauptstadt der Republik Tatarstan, das Zentrum des Islam in Rußland sowie ein wichtiger Maschinenbaustandort und Verkehrsknotenpunkt. Gegründet wurde Kasan im Jahre 1005 und gilt als eine Perle der Architektur, die Orient und Okzident in sich vereint.

Anlässlich des 1000-jährigen Bestehens im Jahre 2005 wurden der Kreml und andere Gebäude aufwändig renoviert. Kasan ist eine gepflegte Stadt mit einigen Dörfern ringsum, überwiegend aus Steinhäusern3 gebaut. Wir sehen viele Moscheen mit ihren Minaretten und besichtigten den Kreml. Der Kasaner Kreml ist einer der schönsten seiner Art und wurde aus diesem Grund in die Liste des Weltkulturerbes aufgenommen. Anlässlich des erfolgreichen Feldzuges nach Kasan ließ Iwan IV., genannt der Schreckliche, eine Kathedrale in Moskau errichten: die berühmte Basilius-Kathedrale auf dem Roten Platz. Gleichzeitig wurde auf Befehl des Zaren ebenfalls eine kleine, hölzerne Kirche im Kasaner Kreml gebaut, die schon nach drei Tagen fertig war.

Ein ganz besonderes Erlebnis ist die anschließende Schifffahrt auf der Wolga, Europas größtem Strom.

Bereits um halb acht Uhr am Abend besteigen wir wieder unseren Zug und fahren die letzte Etappe nach Moskau. Chefreiseleiter Bernd erinnert uns über Bordfunk daran, die Trinkgelder für die Reiseleitung und das Zugpersonal nicht zu vergessen. Aber daran hätten wir bestimmt gedacht, denn wir sind sehr zufrieden mit der Betreuung während der gesamten Reise.

Moskau – Hotel Renaissance

Wieder regnete es die ganze Nacht und es regnet immer noch. Um 6.15 Uhr haben wir das große Glück, dass der Duschraum nicht belegt ist und wir können schnell unter die Dusche huschen.

Um 12 Uhr mittags haben wir das Ziel erreicht: Unser Zug fährt in den Kasaner Bahnhof am Komsomolskaja-Platz in Moskau ein. Dieser Platz ist das Haupteisenbahntor, an dem noch zwei weitere Bahnhöfe liegen, der Leningrader und der Jaroslawer Bahnhof. Die örtliche Reiseleitung in Moskau übernimmt Olga, unsere Betreuerin auf der gesamten Zarengold-Zugstrecke ab Erlian. Moskau ist ihre Heimatstadt und wir spüren, mit welcher Begeisterung sie uns die Sehenswürdigkeiten zeigt. Wir besteigen gleich unseren Bus zur Rundfahrt und beginnen mit der Besichtigung des Kreml, dessen goldene Kuppeln weit über die Stadt leuchten. Er ist das bedeutsamste Bau- und Geschichtsdenkmal, der älteste Teil Moskaus, hier befindet sich der Sitz des russischen Präsidenten. Im Staatsgebäude lebte und arbeitete von 1918 bis 1922 Lenin. Sein Arbeitszimmer und seine Wohnung sind so erhalten geblieben wie zu seinen Lebzeiten. Der Kreml steht seit 1990 auf der UNESCO -Liste des Weltkulturerbes.

Die bis auf den heutigen Tag erhalten gebliebenen Mauern, die den Kreml umschließen, und ihre 19 Türme wurden im 15. Jahrhundert errichtet und waren damals eine beachtliche Befestigungsanlage.

Nachmittags besichtigen wir die Erlöser-Kathedrale, das größte russisch-orthodoxe Kirchengebäude der Stadt. Die ursprüngliche Kirche ließ Stalin im Jahre 1931 sprengen und an ihrem Standort ein modernes Schwimmbad errichtet. In sechs Jahren wurde sie nach altem Vorbild wieder originalgetreu aufgebaut und im Jahre 2000 wiedereröffnet. Allein die russisch-orthodoxe Kirche hat seit 1990 im Großraum Moskau ungefähr 1000 Kirchen renoviert und 200 neue Kirchen gebaut. Der Kontrolleur am Eingang der Erlöser-Kathedrale kontrolliert streng alle Besucher, ob sie ordentlich gekleidet sind und die Frauen Kopftücher tragen. Rudi lässt er die Kirche nicht betreten, seine Hose reicht nur bis Mitte Wade und ist nicht lang genug. Er probiert es noch einmal mit hochgezogenen Socken, jedoch vergeblich. Gerhard ist von der prächtigen Innenausstattung der Kirche mit der prunkvollen Ikonenwand so begeistert, dass er nicht auf den Eingang achtet. Die Kirche besteht aus mehreren Stockwerken, durch die er irrt, ehe er mit einiger Verspätung wieder unseren Bus erreicht.

Nach dem Abendessen im Hotel Renaissance starten wir zu einer Lichterfahrt durch die stimmungsvoll beleuchtete Stadt. Es ist noch nicht ganz dunkel, deshalb wollen wir zuerst Moskaus Untergrundbahn, die Metro, besichtigen. 1932 wurde mit dem Bau begonnen und am 15. Mai 1935 die »schnellste und billigste U-Bahn der Welt« mit dreizehn Stationen eröffnet. Heute ist ein Netz von fast 300 Kilometern mit zwölf Linien und 172 Stationen in Betrieb. Es werden acht bis neun Millionen Personen pro Tag befördert. Zur Rushhour fahren die Züge auf einigen Linien alle 90 Sekunden, aber auch zu normalen Verkehrszeiten beträgt der Abstand zwischen den Zügen nicht mehr als zwei bis drei Minuten. Olga besorgt für uns alle ein Gruppenticket und lässt uns nacheinander durch die Sperre gehen. Die weiße Gruppe, in der unsere Freunde aus der ehemaligen Datong-Gruppe sind, kommt ebenfalls zum Eingang. Aus Unachtsamkeit bleibt Claus, der ältere Bruder, in der Schranke hängen und blokkiert den Zugang für einige Zeit. Das löst natürlich wieder ein Riesengelächter aus.

Die verschiedenen Etagen der Metro liegen teilweise sehr tief unter der Erde. Es gibt an einigen Stationen Rolltreppen, auf denen man, in der Mitte stehend, weder das Ende noch den Anfang sehen kann. Eine solche Rolltreppe bringt uns in rasanter Fahrt etwa siebzig Meter in die Tiefe und wir fahren mehrere Stationen auf verschiedenen Strecken. Die tieferen Stationen können im Verteidigungsfall als Bunker verwendet werden, indem Zugänge und Streckentunnel durch das Schließen entsprechender Schotts abgedichtet werden. Während Bombenangriffen im Zweiten Weltkrieg wurden Metrostationen unter anderem als Lazarette und Kommandostützpunkte genutzt. Wir steigen an verschiedenen Stationen aus: Die Station Komsomolskaja wurde 1952 fertig gestellt. Hier befinden sich prachtvolle Gemälde berühmter Maler mit barocken, historischen Szenen in einem mächtigen Stuckgewölbe. Für die richtige Atmosphäre sorgen die riesigen Kronleuchter, die von hellen Marmorsäulen gestützt werden.

An der Station Nowoslobodskaja erwecken die beleuchteten Buntglasfenster den Eindruck, dass Tageslicht hindurchscheine. Die kostbaren Mosaikbilder beschreiben die historische Freundschaft zwischen der Ukraine und Russland. Das Merkmal der Station Barrikadnaja ist der rote Marmor, auf dem Revolutionsmotive verewigt sind.

Die Station Majakowskaja, deren Modell 1938 auf der Weltausstellung in New York den Grand Prix erhielt, besteht aus dunkelgrauem Marmor, roten Halbedelsteinen und rostfreiem Stahl, in der Station Sportiwnaja befindet sich ein Museum.

Am Roten Platz verlassen wir die U-Bahn wieder, tief beeindruckt, und es ist mittlerweile dunkel geworden – uns empfängt eine lauwarme Nacht mit angenehmen 24 Grad. Der Vollmond steht hell leuchtend am sternenklaren Himmel über der Basilius-Kathedrale. Das üppig erleuchtete Kaufhaus GUM erhellt den Platz. Bei der Rückfahrt zum Hotel müssen wir uns leider von Olga verabschieden, für sie ist die anstrengende Arbeit und die aufmerksame Betreuung der Gruppe beendet.

In der Hotelbar trifft sich zum letzten Mal die Datong-Gruppe zum Abschiedstrunk. Natürlich werden die Adressen ausgetauscht, soweit das noch nicht geschehen ist. Wir nehmen uns vor, uns irgendwann im Laufe des nächsten Jahres an einem zentralen Punkt Deutschlands zu treffen, um über die schöne Zeit unserer gemeinsamen Reise zu plaudern und Fotos auszutauschen. Mal sehn, was draus wird. Chefreiseleiter Bernd kommt auch zu uns, er zeigt uns die neu errichtete Transsib-Bar des Hotels, die aber leider an diesem Abend nicht geöffnet ist.

Im Zimmer angekommen, genießen wir ausgiebig die Dusche, die Haare werden wieder einmal gewaschen und endlich schlafen wir wieder einmal in einem weichen, breiten Bett.

Moskau – Stadtrundfahrt

In der Frühe regnet es, um die Mittagszeit reißt jedoch die Wolkendecke wieder auf und es kommt blauer Himmel mit Sonnenschein zum Vorschein.

Den Morgen beherrscht das große Abschiednehmen. Die Gäste werden neu aufgeteilt nach Abflugzeit und Abflughafen, sie stehen in Gruppen zusammen und warten auf den für sie bestimmten Bus. Für Gerhard ist die Reise zu Ende, er fliegt zurück über München nach Frankfurt. Eine ältere, alleinreisende Dame spricht ihn an, sie habe den gleichen Rückflug und möchte sich ihm anschließen. Ich komme mit dieser Dame ebenfalls ins Gespräch. Sie erzählt mir, dass sie bereits bei der Anreise von München nach Irkutsk eine Zwischenlandung in Moskau hatte. Da fällt mir ein, dass die Reisegruppe drei Stunden an der Zollabfertigung warten musste und deshalb den Anschlussflug verpasste. Die Dame stand auch in der Warteschlange. Als sie merkte, dass die Zeit für den Anschlussflug knapp wurde, täuschte sie einen Schwächeanfall vor, wurde vom Zollpersonal durch die Kontrolle geleitet und hat so als Einzige ihren Anschlussflieger erwischt.

Die anderen Reisenden mussten in Moskau übernachten und konnten erst am nächsten Tag nach Irkutsk weiterfliegen. Wir verabschieden uns auch von Karin und Peter, sie fliegen direkt nach Frankfurt, die Brüder Gerd und Claus ebenfalls. Waltraud und Klaus müssen in Frankfurt zwischenlanden, bevor sie weiter nach Wien fliegen. Wolfgang fliegt ebenfalls nach Wien, aber erst später. Nach und nach leert sich die riesige Hotelhalle, die Busse fahren mit den einzelnen Gruppen ab zu einer Stadtrundfahrt, bevor die Reiseteilnehmer zu den verschiedenen Zeiten zum Flughafen gebracht werden.

Jetzt befinden sich nur noch die Leute in der Hotelhalle, die weiter nach St. Petersburg fahren, es sind 16 Personen.

Eine neue Reiseleiterin, Nadja, holt uns um 12 Uhr vom Hotel ab.

Wir wollen uns die lebendige Stadt bei Tage anschauen, bevor auch wir am späten Abend direkt zum Bahnhof gebracht werden und beginnen damit am Roten Platz. Bei der Fahrt über die Brücke, die den Fluss Moskwa überspannt und direkt zum Roten Platz führt, zeigt uns Nadja die Stelle, an der Matthias Rust, ein deutscher Privatpilot, am 28. Mai 1987 im Alter von 19 Jahren mit seinem Flugzeug vom Typ Cessna 172 landete und auf den Roten Platz rollte. Der Platz grenzt direkt an den Kreml. Auf ihm befindet sich das Leninmausoleum, dahinter einige Urnengräber mit der Asche berühmter Persönlichkeiten aus Politik, Wissenschaft und Kultur wie beispielsweise Juri Gagarin. Begrenzt wird der Rote Platz vom Woskressenski-Tor, das ein Tor der ehemaligen Stadtmauer war und welches Stalin abreißen ließ, um seine Militärparaden besser präsentieren zu können. 1995 wurde die Wiederherstellung beendet, heute befindet sich in dem Gebäude ein historisches Museum. Auf der gegenüberliegenden Seite sehen wir die farbenprächtige Basilius-Kathedrale. Auffällig an ihr sind die acht mehrfarbigen Kuppeln, die um die Hauptkathedrale angeordnet sind. Die Kathedrale wurde so schön, dass ihr Bauherr, Zar Ivan der Schreckliche, dem Architekten die Augen blenden ließ, damit niemand anderes auf der Welt ein ähnliches Werk bekommen sollte.

Heute haben wir Gelegenheit, das berühmte Kaufhaus GUM von innen zu erkunden. Galerien mit stuckverzierten Bogengängen, ornamentgeschmückte Eisengeländer und Brücken befinden sich unter einem riesigen Glasdach. In einem der Bogengänge des ehemaligen »Staatlichen Warenhauses« sehen wir sogar einen imposanten Springbrunnen, der leise vor sich hinplätschert.

Alle namhaften Geschäfte sind hier vertreten und bieten ihre Waren zu sündhaft teuren Preisen an. Ich frage mich, wenn niemand diese Preise bezahlen kann, wie können die Geschäfte dann existieren? Aber sicher kaufen die neuen, reichen Russen hier ein und sorgen für den notwendigen Umsatz. Auf Empfehlung Nadjas kaufen wir uns eine Kugel Eis, das hier besonders gut schmecken soll. Bei dem Preis von 1,20 Euro können wir das auch erwarten.

Bei der Weiterfahrt erzählt uns Nadja vom Phänomen der »neuen Russen«. Im Wandel von der sozialistischen Planwirtschaft zur Marktwirtschaft verstand es eine Gruppe von Menschen, durch Riesenglück und zweifelhafte Geschäfte zu großen Reichtümern zu gelangen. Für diese Schicht spielt Geld keine Rolle. Bei der Stadtrundfahrt befahren wir Straßen mit vierzehn Fahrspuren, ich kann nur staunen über den lebhaften Verkehr und die komfortablen Fahrzeuge, die ich dabei beobachte. Ich sah noch nie in meinem Leben so viele große Luxusfahrzeuge, darunter 500-er und 600-er Mercedes, alle in schwarzer oder dunkler Farbe mit abgetönten Scheiben. Daneben fahren sehr viele relativ neue Autos, bei allen Fahrzeugen dominiert die Farbe schwarz oder silbergrau.

Heute bei Tageslicht können wir uns ein Bild von der sich im Aufbruch befindenden Stadt machen. Mit dem Wirtschaftsaufschwung und durch private Investitionen wurde im Jahr 2001 der erste Wolkenkratzer fertig gestellt, nun befinden sich unzählige Projekte im Bau. Damit soll die riesige Nachfrage an Wohnungen und Bürogebäuden in Moskau gedeckt werden, in der Stadt leben schließlich über 10 Millionen Menschen. Die Fertigstellung aller Gebäude ist für das Jahr 2012 geplant, sagt uns Nadja und die Kosten belaufen sich auf über zwölf Milliarden US-Dollar. In der Stadt dominieren sieben »Wolkenkratzer«, die nach dem Krieg unter Stalin im »Zuckerbäckerstil« erbaut wurden. Es gibt im Stadtgebiet über 600 Kirchen. Mit neun Kopfbahnhöfen, drei internationalen Flughäfen und drei Binnenhäfen ist die Stadt wichtigster Verkehrsknoten, größte Industriestadt Russlands und eine Stadt der Superlative.

Unsere Fahrt führt vorbei an der Lomonossow-Universität zum Neujungfrauenkloster mit dem Nowodewitschi-Ehrenfriedhof. Auf diesem faszinierenden Friedhof fanden viele russische Berühmtheiten ihre letzte Ruhestätte, darunter auch Boris Jelzin, dessen Grab wir uns anschauen. Auch dem skurrilen, schwarz-weißen Grabstein des ehemaligen Regenten der Sowjetunion, Nikita Chruschtschow, statten wir einen Besuch ab. In dieser Oase der Ruhe kann man stundenlange Spaziergänge unternehmen. Über den Sperlingshügel (hier wohnen Gorbatschow und der Bürgermeister von Moskau) führt uns die Rundfahrt weiter, vorbei an der KGB-Zentrale und dem »Weißen Haus« zum Arbat, der Fußgängerzone Moskaus. Sie liegt in einem alten, historischen Stadtviertel. Nun nutzen wir die Freizeit zum Bummeln und Einkaufen. Ein beliebtes Souvenir aus Russland sind Matrjoschkas, hübsche, buntbemalte Holzpuppen in verschiedenen Größen, die ineinander stecken.

An einem Kunsthandwerkerstand fällt mir ein älterer Verkäufer auf, der in traditioneller Tracht gekleidet ist und unter anderen auch Matrjoschkas nach seinem Ebenbild anbietet. Er stellt alle Figuren selber in liebevoller Handarbeit her, sagt er uns, für mich ein Grund, schnell noch die letzten Souvenirs zu erstehen.

Abends um 23.30 Uhr bringt uns Nadja mit dem Bus zum Komsomolskaja-Platz, dieses Mal zum Leningrader Bahnhof, wo der Zug nach St. Petersburg abfährt. Für unsere Gruppen sind wieder Schlafwagenabteile reserviert und wir verbringen die letzte Nacht in einem engen Zugabteil, das monotone Rattern der Räder ist uns ja bereits hinreichend vertraut.

St. Petersburg

Wir sind schon sehr früh wach, der Zug soll bereits kurz vor 8 Uhr in St. Petersburg eintreffen. Der Himmel ist bedeckt und es regnet leicht, es ist 14 Grad kühl. Im Waschraum ist der Wasserhahn kaputt, es läuft kein Tropfen Wasser. Wie schon öfter kommen wieder die Feuchtetücher zum Einsatz und anstelle von Zähneputzen kauen wir zwei Zahnreinigungs-Kaugummis. Unser gesamtes Gepäck steht zwischen den Betten, es ist sehr eng im Abteil. Wir nehmen an Kleidung aus dem Koffer, was oben liegt – egal wie es aussieht.

Heute erwartet uns die Reiseleiterin Natascha und geleitet uns zum Hotel Pribaltiyskaya. Der riesige Betonklotz liegt direkt am Finnischen Meer, in ihm können bis zu 2.500 Personen wohnen. Unsere Gruppe ist überschaubar und besteht aus 16 Personen: zwei Ehepaare aus der Schweiz, Vater und Sohn aus der Schweiz, Mutter und Tochter Theresa aus Österreich, Nähe Wien, ein Ehepaar aus Nürnberg, ein Ehepaar aus Sachsen und wir beide.

Natascha weiß nicht, dass wir bereits seit länger als zwei Wochen unterwegs sind und reichlich Gepäck dabei haben. Sie ist der Meinung, wir sind auf einer Städtereise in Moskau und St. Petersburg mit nur einem kleinen Koffer pro Person. Sie hat einen kleinen Bus bestellt, in dem gerade mal die 16 Personen Platz haben, mit dem Gepäck gibt es deshalb große Probleme. Der kleine Kofferraum fasst nur ein paar Gepäckstücke, die restlichen Taschen und Koffer werden im Inneren des Fahrzeugs untergebracht. Beim Ausladen zerrt der Busfahrer an den Gepäckstücken und reißt dabei unsere Reisetasche in zwei Teile. Mit einem Gurt schnüren wir sie wieder notdürftig zusammen. Da die Reise dem Ende zu geht und sich in der Tasche eh nur Schmutzwäsche befindet, bewerten wir den Vorfall nicht allzu tragisch.

Ein Gast aus unserer Gruppe hat sich stark erkältet, es geht ihm ziemlich schlecht und er hat Fieber. Natascha fragt an der Rezeption nach, ob nicht ausnahmsweise schon ein fertiges Zimmer zur Verfügung stehe, in dem er sich ausruhen und etwas erholen kann. Das ist natürlich nicht möglich, alle Zimmer können erst ab 15 Uhr belegt werden, sagt der Empfangschef an der Rezeption. Der Patient legt sich in der riesigen Hotelhalle in einen der zahlreichen Ledersessel, was allerdings dem aufmerksamen Sicherheitspersonal überhaupt nicht gefällt. Ein unfreundlicher Sicherheitsmann fordert ihn auf, die Halle unverzüglich zu verlassen. Damit lässt sich aber der erkrankte Gast nicht einschüchtern, er wartet geduldig ab, bis endlich ein Zimmer fertig ist und er es beziehen kann. Nach dem freundlichen und entspannten Klima im Zug herrscht hier ein ganz anderer Ton.

Sankt Petersburg ist mit über vier Millionen Einwohnern nach Moskau die zweitgrößte Stadt Rußlands und eine der größten Städte Europas. Gerade einmal 300 Jahre sind seit ihrer Entstehung in einer ehemals sumpfigen Niederung der Newamündung vergangen. Die Stadt war vom 18. bis ins 20. Jahrhundert die Hauptstadt des russischen Reiches, ist ein europaweit wichtiges Kulturzentrum und beherbergt den wichtigsten russischen Ostsee-Hafen. Die historische Innenstadt ist Weltkulturerbe der UNESCO. Sankt Petersburg war lange Zeit der Sitz der russischen Zaren. In der Stadt entfaltet sie die ganze Pracht ihres immensen Reichtums, von dem bis heute etliche Zeugnisse zu sehen sind. Im Hinblick auf die 300-Jahr-Feier im Jahr 2003 wurden viele der Sehenswürdigkeiten aufwändig restauriert. Die Stadt besitzt neben zahlreichen Museen auch ungefähr 4000 geschützte Kultur-, Geschichts- oder Baudenkmäler. Obwohl seit 2004 Anstrengungen unternommen werden, zumindest einige Baudenkmäler zu privatisieren, gehören immer noch etwa 80 Prozent aller Petersburger Immobilien dem russischen Staat.

Bei der Stadtrundfahrt besuchen wir zunächst die Peter-Paul-Festung. Auf dem Gelände der Festung befindet sich die Peter-und-Paul-Kathedrale, in deren Innenraum die meisten russischen Zaren seit dem 18. Jahrhundert begraben liegen. Die Särge der Zaren wurden aus weißem Marmor gestaltet, einzig Alexander II. und seine Frau bekamen Särge aus grünem beziehungsweise rotem Marmor. Seit 1998 befinden sich in einem angeschlossenen Raum auch die Gräber der letzten Zarenfamilie, die in Jekaterinburg ermordet wurde. Erst nach der Wende war es möglich, die am Stadtrand von Jekaterinburg verscharrten sterblichen Überreste des Zaren Nikolaus II., seiner Frau und zweier seiner vier ermordeten Kinder zu finden. Mittels einer DNA-Untersuchung konnte man sie identifizieren und hierher überführen. Der 122,5 Meter hoher Turm der Kathedrale mit einem sieben Meter hohen Engelsstandbild auf der vergoldeten Spitze war für lange Zeit, wie einst von Peter dem Großen angeordnet, das höchste Gebäude der Stadt. Auch bis heute wird er nur vom städtischen Fernsehturm übertroffen. Ungewöhnlich für eine russisch-orthodoxe Kirche, besitzt die Peter-und-Paul-Kathedrale eine Kanzel. Angeblich wurde diese nur einmal benutzt, um Leo Tolstoi 1902 zu exkommunizieren, sagt uns Natascha bei ihrer Erklärung. Für den Nachmittag ist ein Besuch in der größten Kunstsammlung der Welt, der Eremitage, angesagt. Sie befindet sich im Winterpalais der Zaren, dem mit seiner blassen, blaugrünen Farbe prachtvollsten Barockbau der Stadt. Das riesige Bauwerk von einer atemberaubenden Schönheit befindet sich direkt am Newaufer. 1764 befahl Katharina II., ein neues Gebäude zu bauen, um ihre sich schnell vergrößernde Kunstsammlung unterzubringen, nachdem sie 225 Bilder bekannter, westeuropäischer Künstler erworben hatte. Heute befinden sich in der Eremitage ungefähr drei Millionen Exponate sowie die weltweit größte Juwelensammlung. Es gibt kaum einen Bereich der Kunstgeschichte, der in dieser riesigen Sammlung nicht vertreten wäre. Von den ungefähr 250 Museen der Stadt hat die Eremitage mit 3 bis 4 Millionen Besuchern im Jahr die bestbesuchte und wohl auch international bedeutendste Ausstellung. Wir beschränken uns auf einige ausgewählte Räume, die wir gemeinsam mit Natascha besichtigen und staunen über ihr immenses Wissen und ihre sachkundigen Erklärungen.

Einen kurzen Stopp legen wir noch am Dekabristenplatz ein mit dem Denkmal Peters des Großen, dem »Ehernen Reiter«. Dieser Platz erinnert an den Aufstand im Jahre 1825 gegen das Zarentum, der jedoch niedergeschlagen wurde. Die Aufständigen verbannte man nach Sibirien.

Ausnahmsweise ist für diesen Abend kein gemeinsames Abendessen vorgesehen. Das Hotel liegt weit außerhalb des Zentrums, zu einer längeren Fahrt in die Innenstadt haben wir keine Lust mehr. Natascha schlägt uns vor, im Hotel zu essen, wir müssen 15 Euro extra dafür zahlen. Wir sind ziemlich müde und dieser Vorschlag ist uns sehr willkommen. Die aufmerksame Empfangsdame am Speisesaaleingang setzen wir von unserem Wunsch in Kenntnis, als zahlende Gäste am abendlichen Buffet teilzunehmen. Sie kann mit dieser Aussage allerdings nichts anfangen und verweigert uns den Zutritt. Per Handy ruft sie den übergeordneten Speisesaalchef zu Hilfe, er hört sich unser Anliegen an, steckt die 15 Euro pro Person in seine Tasche und alle Probleme sind gelöst. Wir sitzen gemütlich beim Essen und einer guten Flasche Wein, da entdecken wir am Eingang Vater und Sohn aus der Schweiz, die auch zu unserer Gruppe gehören und bei der Empfangsdame den gleichen Wunsch äußern, wie wir beide. Der Vorgang wiederholt sich, der Speisesaalchef steckt 30 Euro in die Hosentasche und beide können sich am Buffet bedienen.

Es dauert nicht lange, da steht auch das Ehepaar aus der Schweiz am Eingang, die Empfangsdame telefoniert nach dem Chefkellner, scheinbar vergeblich. Das Schweizer Ehepaar hat uns am Tisch entdeckt und möchte sich gerne zu uns setzten, die Empfangsdame zuckt hilflos mit den Schultern und winkt sie durch. Nach dem Essen plagt jedoch den Mann das schlechte Gewissen, er hat ja gegessen, ohne zu bezahlen. Da kommt zufällig der freundliche Speisesaalchef an unserem Tisch vorbei, der schuldbewusste Mann aus der Schweiz winkt ihn zu sich heran und gibt ihm die 30 Euro.

Natürlich steckt er sie wieder in seine Hosentasche. Wir können uns über diese kuriosen Vorgänge nur köstlich amüsieren und genießen den Abend bei einer angenehmen Unterhaltung und einer guten Flasche Wein.

St. Petersburg – Katharinenpalast

Heute zeigt das Thermometer am Hoteleingang nur 12 Grad, Regen und Sonne wechseln sich ab. Auf Hinweisschildern im Foyer können wir lesen, dass im Hotel ein großer Ärzte- und Chemikerkongress stattfindet. Das riesige Hotel scheint komplett ausgebucht zu sein, der Frühstücksraum ist bis auf den letzten Platz besetzt. Im angrenzenden Nebenraum wurde deshalb ebenfalls eingedeckt, wir treffen Mutter und Tochter Theresa aus der Nähe von Wien und setzten uns zu ihnen an den Tisch. Beide sind sehr aufgeregt und erzählen uns, dass die Mutter aus unerklärlichen Gründen um 2 Uhr in der Nacht wach wurde und bemerkte, dass die Zimmertüre offen stand. Beide Handtaschen, die auf dem Nachtisch neben dem Bett standen, waren nicht mehr an ihrem Platz, sie lagen neben der offenen Zimmertüre. Aus den Geldbörsen wurde das gesamte Bargeld entwendet, alles andere war noch da, vor allem die Kreditkarten und Ausweise. Zum Glück neigt sich die Reise dem Ende zu und beide hatten nicht mehr all zu viel Bargeld bei sich. Therese ging auf den Flur, wo ihr ein Mann vom Hotel-Sicherheitsdienst in Uniform begegnete. Sie sprach ihn an, bekam aber keine Antwort, der Mann ging einfach an ihr vorbei. Sie bekam Angst, es wurde ihr unheimlich. Daraufhin fuhr sie mit dem nahe gelegenen Aufzug zur Rezeption (sie wohnte im zehnten Stock) und meldete den Vorfall dem schläfrigen Portier. Sie bat ihn, mitzukommen, der Dieb müsse ja noch im Haus sein.

Der Empfangschef jedoch war scheinbar sehr müde und gab ihr zur Antwort, so was sei noch nie passiert, winkte ab mit den Worten: »Touristen, Touristen« und döste weiter. Ihr blieb nichts weiter übrig, als zurück auf ihr Zimmer zu gehen und am nächsten Morgen den Vorfall der Reiseleiterin Natascha zu melden.

Am Vormittag entscheiden wir uns kurzfristig für eine einstündige Bootsfahrt durch die Kanäle von St. Petersburg. Die Stadt verteilt sich heute auf 44 Inseln, etwa 500 Brücken überspannen die 68 Kanäle und Flüsschen mit ihren prachtvollen Uferbauten und erinnern an Venedig oder Amsterdam. Wir fahren vorbei an aufwändig restaurierten Bauwerken des 18. und 19. Jahrhunderts, alle in den Farben gelb, blau oder grün mit weiß. Es regnet ziemlich stark, wir halten uns im überdachten Raum des kleinen Bootes auf. Unsere fotografierwütigen Männer kann der Regen allerdings nicht abschrecken, sie ziehen die Kapuze der Regenjacke über den Kopf und gehen zum Oberdeck, von wo sie eine herrliche Aussicht zum Fotografieren haben. Natascha erinnert sie bei jeder Brücke, die wir durchfahren, die Köpfe einzuziehen, denn die Brücken sind sehr niedrig. Nachts werden für etwa zwei bis drei Stunden einige der Brücken geöffnet, um die Schiffe von der Ostsee ein- oder auslaufen zu lassen. Im Winter jedoch fällt dieses Schauspiel wegen Eisgang auf der Newa aus.

Durchnässt und bibbernd vor Kälte sind wir froh, endlich den Bus wieder besteigen zu können für die Weiterfahrt nach Puschkin, 25 km südlich von St. Petersburg gelegen, zum Katharinenpalast. Der Palast war einst die Sommerresidenz der Zaren mit einer prunkvollen, üppig gestalteten Fassade in den Farben weiß, blau und gold. Im Zweiten Weltkrieg wurde er zerstört und mittlerweile in alter Pracht wieder aufgebaut. Der große Saal von 900 Quadratmetern Fläche ist komplett restauriert und glitzert ganz in Gold, auf beiden Seiten des Raumes befinden sich riesige Fenster und Spiegel, die ihn endlos erscheinen lassen. In einigen der Räume sind noch fleißige Restauratoren dabei, die Goldauflagen an den zahlreichen Ornamenten zu erneuern. Als besondere Attraktion sehen wir die Rekonstruktion des legendären Bernsteinzimmers, das der Preussenkönig Wilhelm I. im Jahre 1716 dem Zaren Peter I., dem Großen, schenkte. Im Gegenzug bekam er dafür 55 »lange Kerls« aus der Zarengarde. Als 1941 die deutsche Wehrmacht das Schloss zerstörte, bauten Soldaten das Zimmer aus und brachten es nach Königsberg, seitdem gilt es als verschollen. Nach alten Fotografien wurde es rekonstruiert, es ergaben sich allerdings erhebliche Finanzierungsprobleme. Durch eine großzügige Spende der Ruhrgas AG von 3,5 Millionen Dollar konnten die Arbeiten schließlich abgeschlossen werden. Das rekonstruierte Bernsteinzimmer wurde im Rahmen des 300-jährigen Stadtjubiläums St. Petersburgs am 31. Mai 2003 durch den damaligen Bundeskanzler Gerhard Schröder und den russischen Präsidenten Wladimir Putin feierlich eingeweiht. Nadja erklärt uns, dass der Raum mit seiner kompletten Wandvertäfelung aus Bernstein auch als »das achte Weltwunder« bezeichnet wird.

Wir besuchen noch das nahe gelegene Pawlowsky-Schloss, die ehemalige Residenz des Zaren Pawel I., das inmitten eines riesigen, herrlichen Parks liegt. Das prunkvolle Schloss ließ Katharina I. erbauen, es ist berühmt durch seine erlesene Pracht, aber auch durch seine umfangreiche Sammlungen an wertvoller Malerei, Bildhauerei und kostbaren Inneneinrichtungsgegenständen.

Unser anschließendes, letztes gemeinsames Abendessen findet in einem kleinen, urigen Blockhaus in der Nähe statt. Für uns ist ein großer Tisch gedeckt, serviert werden traditionelle, russische Speisen. Dazu stehen Rot- und Weißwein in Krügen, kühles Bier und natürlich Wodka bereit, zu unserer Überraschung sind alle Getränke frei. Eine Folkloregruppe unterhält uns mit stimmungsvoller Musik, mit einem harmonischeren Abschiedsabend könnte man unsere erlebnisreiche Traumreise nicht beenden. Nur schade, dass viele unserer lieb gewonnen Reisegefährten bereits die Heimreise angetreten haben und nicht mehr dabei sind.

Spät am Abend bei der Rückfahrt zum Hotel erzählt uns Natascha ununterbrochen von ihrer Familie und ihrem Mann, der vor ca. 2 Jahren festgestellt hat, dass sich unter seinen Vorfahren ein Graf befand. In der Nähe ihrer Wohnung verabschiedet sie sich von uns, für sie ist wieder ein Arbeitseinsatz beendet.

Rückflug

Der Regen hat mittlerweile aufgehört, der Himmel ist noch bedeckt und es sind wieder ungefähr 14 Grad. Es fällt uns schwer, uns nach den angenehm warmen Temperaturen der letzten Tage an diese »Kälte« zu gewöhnen.

Nach einem ausgiebigen Frühstück packen wir zum letzten Mal während dieser Reise die Koffer. Wir haben noch etwas Zeit, die wir in der Hotelhalle wartend verbringen, ehe uns der Bus zum Flughafen bringt. Wir sind überrascht und erstaunt, als unser Busfahrer, der bei der Ankunft im Hotel unsere Reisetasche in Stücke riss, uns mit einer neuen Tasche entgegenkommt. Er hat sie extra für uns gekauft, um den entstandenen Schaden wieder gut zu machen. Sicher musste er sie von seinem spärlichen Verdienst selber ersetzten. Wir hätten den Schaden aber auch ohne die Neuanschaffung verkraftet, schließlich handelte es sich um kein besonders wertvolles Teil. Mit einem Trinkgeld verabschieden wir uns freundlich von ihm und versichern ihm noch einmal, wie sehr wir uns über den Ersatz freuen.

Am Flughafen angekommen, müssen wir uns noch einige Zeit gedulden, bevor die gelangweilten Damen am Lufthansaschalter endlich mit dem Einchecken beginnen. Ausdruckslos und stumm sitzen sie am Schalter, die lange Warteschlange der Reisenden stört sie nicht, bis sie endlich mit ihrer Arbeit beginnen. Die strengen Kontrollen nehmen wir verständnisvoll in Kauf, schließlich dienen sie auch unserer eigenen Sicherheit. Jetzt sind wir froh, dass wir nach der doch langen, anstrengenden Reise nur einen relativ kurzen Flug bis Frankfurt vor uns haben. Unsere Überlegung, diese Reise von Peking aus nach Moskau zu unternehmen, stellt sich nun als besonders angenehm heraus. Natürlich freuen wir uns, endlich wieder heimzukommen zu unserer Familie, so schön und erlebnisreich diese Reise auch war. Während des Rückflugs lassen wir in Gedanken den Reiseverlauf noch einmal

Revue passieren und kommen zu der Feststellung, dass diese Bahnreise zwar nicht immer komfortabel war, aber die beste und bequemste Möglichkeit ist, so große Entfernungen zurückzulegen. Wichtig sind die richtige Einstellung und vor allem ein vernünftiges Packen. Wir stellen fest, dass wir viel zu viele Kleidungsstücke dabei hatten und uns damit unnötig belasteten. Für die nächste Reise dieser Art werden wir uns stabile Trollys in einer vernünftigen Größe zulegen und nur so viel einpacken, wie darin Platz findet.

Martha Grünewald